愛される人生

斎藤一人

ロング新書

はじめに

人は愛することも大切だけど、愛される人生を送ることがとても大切。

愛するだけならストーカーでもできるけど、愛される人生を送るには、愛されるような行為が必要。

これからは、愛される人生がしあわせのキーワード。

斎藤　一人

斎藤一人　愛される人生　目次

1章　あなたは、まだまだ、しあわせになる！

2章 まだまだ行ける！　じゃんじゃん行ける！　バリバリ行ける！

3章 まだまだ、世の中はよくなる！ あなたの人生は、さらによくなる！

4章 まだまだ、かしこくなる！ さらに頭はよくなる！

5章 まだまだ伸びる！ おもしろいように奇跡が起きる！

1章

あなたは、まだまだ、しあわせになる！

本当のしあわせって、どんなだろう

本当のしあわせ――。
これが、この本のテーマなんですけれど。
本当のしあわせ。それって、なんだろう。
あなた、本当にしあわせですか?

もし、あなたが「今、スゴいしあわせで、これ以上なにも望みません」というのなら、それは、あなたにとってはもちろん、私にとっても喜ばしいことであって。

そういう、スゴいしあわせな人からしたら、この本は必要ないかもわかんない。
それから、「私は韓流スターが大好きなんです」とか、「釣りが大好き」「ゴルフが大好き」、自分の好きなことを考えていればハッピーなんだ、って。

そんな、自分のしあわせを見つけちゃった人には、やっぱり、一人さんは「よかったね」っていうことで。

ただ、自分のしあわせ、というのが見つかってない、「人生、つまんないな」とか、「なんで、自分はこんな目にあうんだろう」とか思ってる人。

それから、本当のしあわせって、どういうものか知りたい人。今も、そこそこしあわせだけど、もっと、自分はしあわせになれるんじゃないか。

そういう人に、一人さんから提案があるんです。


自分がしあわせになれないでいるとき。

自分の心がしあわせを渇望して、「自分のしあわせって、どこにあるんだろう」とか、考えてるとき。

そんなときは、「どうしたら、あの人は喜ぶだろうか」

「どうしたら、この人はしあわせになるだろうか」

そんなふうに、人のしあわせを考えてみたらどうだろう。

「人を喜ばす」とは……

人をしあわせにする、人を喜ばす、というのは、地球上から飢えと貧困をなくすとか、そんな大きな話じゃないんです。

人にお金を貸してあげるとか、借金の保証人になってあげるとか、そういう類の話でもない。

そうじゃないことで、自分ができることで、家族や友だち、職場の同僚とか、自分の周りにいる人たちを喜ばす。

そうすると、たとえば、詩を作れるんだったら、その人が喜ぶような素敵な詩を作ってあげるのもいいよね。

絵を描けるんだったら、似顔絵を描いてあげるのもいいよ。

ただ、似顔絵を描く、というと、「本当に、相手の人に似せなきゃいけない」と思ってる人がいるんだけど。別になにからなにまで、そっくりそのままに描く必要はないんです。

髪型だけ似てるとか、相手がメガネをしているならメガネの形だけ似てるとか、その程度似せればＯＫなんです。あとは美化して描いてあげればいい。

だから、相手が女の人ならもっとキレイに描いてあげればいいし、男の人だったらもっとカッコよく描いてあげればいい。そしたら、スゴい喜ばれるんです。

逆をいうと、相手の顔、姿かたちをそっくりそのままに描いちゃうと、喜ばれないんだ、ってことだよね（笑）。

人って、必ず自分のことには二割ぐらい乗せてます。

だから、たとえば、自分が相手を見て「この人は五〇点だな」と思ったとしたら、その相手は「私は七〇点だ」と思ってる。

ということは、冷静に相手を評価すると五〇点だけど、ちょっと上乗せして「六〇点にしてあげよう」「七〇点にしてあげよう」ってやったんでは、相手は喜ばない。

だって、相手は「私は七〇点だ」と思ってるんだから。

そうすると、喜ばそうと思ったら、相手を九〇点ぐらいに見てあげなきゃいけない、ということだよね。

四割乗せたときから、いくらか相手が喜んでくれる。

だから、似顔絵を描くときは、四割乗せてキレイに描く、カッコよく描いてあげると、喜ばれる。

それから、「この人を喜ばせたいんだ」って、人をほめるんだとしたら、そのときも四割乗せて、美化してほめてあげる。そうすると、喜ばれるんです。

こうやって、人が喜ぶことを考え、人を喜ばす生き方をする、ということは〝神さまからのプレゼント〟を活用してることになる。

そして、〝神さまからのプレゼント〟を活用すると、あとで素晴らしいごほうびが、たくさんもらえるんだ。

って、一人さんはいうんです。

天の大いなるしかけ

〝神さまからのプレゼント〟。

それって、なんだろう。

人間って、おもしろいもんでね。相手が喜んだとき、自分もうれしくなっちゃう、という〝法則〟があるんです。

人間の脳というのは、人が喜ぶことをやって、自分という存在が人に喜ばれたとき、ものスゴくしあわせを感じる。そういう仕組みになってます。

この仕組みは、天の神さまが、みんなの脳にプログラムして、入れてくれてたものなんだ。って、一人さんは考えています。

人を喜ばすのに必要なものも、神さまが各々につけてくれています。

これが、一人さんがいう〝神さまからのプレゼント〟。


このプレゼントを使ってみたらどうだろう。

このプレゼントは、特殊な才能をもった人だけに与えられているわけじゃない。特別な才能があろうが、なかろうが関係なく、万人にひとしく神さまからプレゼントは贈られてるんです。

だから、自分は詩も作れないし、絵も描けないっていう人でも、もし、字が書けるんだとしたら、字を書いて人を喜ばすことができるんです。

たとえば、一〇〇円ショップで白いマグカップやなんかを買ってきて、そこに字を書く。

誕生日の人がいたら、「〇〇さん、あなたが生まれてきてくれたことに感謝します」とか、「〇〇さん、あなたが生まれてきてくれてうれしいです」とかね。

それで、今、市販の器に字やなんかを書いてオーブンとかで焼くと、陶器の絵付けみたいのができるペンがあるんですよ。確か、一〇〇〇円もしなかったと思うんだけど。

そういうペンで白のマグカップとかに字を書いて、プレゼントしてあげたら、それって、世界に一つしかないマグカップ。

もらった人にとっては、真ごころを感じる、最高のプレゼントで、スゴい喜ばれるんだよ。

だから、誕生日だけじゃなく、定年祝いとか、結婚記念日とか、「出会いから一〇〇日記念」とか、いろんな機会を見つけて、「〇〇さん、あなたが生まれてきてくれてうれしいです」って書いたものを贈るといいかもね。

そしたら、たくさんの人から喜ばれて、自分もたくさん、たくさん、うれしくなっちゃう。

別にマグカップじゃなきゃいけない、ってことはなくて、字が書けるものだったら白いお皿でもなんでもいいんです。


今、私が提案したもの以外に、人が喜ぶことって、いろいろあるんです。そのなかから、「自分がもってるものを使って、自分ができる範囲で人を喜ばすこと、なにかできないだろうか」

そうやって、探してみたらどうだろう。

ヘンな話、人を喜ばすのに、そんなにお金をかける必要はないんです。

さっきいったマグカップだったら、絵付けのペンをもってたら、あとは月一〇〇〇円ぐらいの予算で、毎月一〇人の人を喜ばすことができるんだよね。

それで、一〇人を喜ばすと、一〇人を喜ばした分、自分もうれしくなっちゃう。一人喜ばしたときの一〇倍、自分がうれしくなっちゃう。

本当のお楽しみは、これからだ！

人生って、不思議です。

「自分の人生、つまんないな」「オレって、ついてないな」といってた人でも、人を喜ばす人生を歩きだすと、展開がすごい違ってきちゃう。

人生が急に輝きだす、っていうのかな。

たとえば、前に、若い男の子で「自分と仲よくしてくれる人がどこにもいないし、世の中、つまんない」っていう人がいたんです。

ところが、人を喜ばすことをやりはじめたら、会社やなんかで、仲よくしてくれる人が出てきて、毎日「楽しい、楽しい」っていいだしたの、その子。

しばらくしたら、仲のいい人と一緒にサークルに出かけるようにもなって、そこでも人に喜ばれてて「自分はしあわせだ」って。

もっと驚いたのは、最近やけに顔がイキイキ輝いて、カッコよくなってきたから「なんか、いいことあったのかい?」って聞いたら、「サークルで知り合いになった女性に告白されて、今、つきあってるんです」って。

その子のことを見てて、私、思うんだけど。

よくね、定年退職だとかで、ずぅーっと家にいて、テレビを見て一日すごしてるような人に、周りが「こういうサークルがあるから、行ってみれば」とかっていうんだけど。

サークルに出かけたとしても、結局、行かなくなっちゃうと思うんです。だって、出かけていっても、そこで、自分がなにをしていいのかがわからない。そうすると、そこもやっぱり、楽しくないんだよ。

だから、そういうサークルへ行く前に、ふだんの生活のなかで、なにか一つ、人を喜ばせることをしてみると、いいかもわかんない。

それで、人を喜ばすって、みんなが思ってるほど、難しいことじゃないんだ。

たとえば、女性に「いつも、キレイだね～」って、いってあげたっていいし。

外で食事をしたとき、お店の人に「おいしかったよ」というのもいい。

友だちやなんかと会ったら、「あなたと会えて、うれしいよ」とか。

会社に行ったら、上司や社長に「この会社で働けて、私はついてます。感謝してます」とか。

そういう言葉をいってても喜ばせることができるし、字を書いても喜ばせられる。

なおかつ、それをやってる自分自身が、スゴく楽しいんだよね。

だから、「人を喜ばせるんだ」ってことを、自分の趣味かなんかにしちゃうと、いいかもわかんない。


趣味っていうと、魚釣りとか、ゴルフとか、いろいろな趣味があるじゃない？

魚釣りも楽しいし、ゴルフも楽しい。いろんな楽しみが、あるんですけど。

ひょっとしたら、人を喜ばす、ということ以上に、ワクワクできて楽しいものって、ないかもわかんないよ。

私自身は、人を喜ばせる以上の楽しみは「ない」と確信してるんです。実際に自分がやってみての感想だよ。

神がくれた、本当の楽しみ。

だと、私は思ってます。

そうやっていうと、すぐ「一人さん、それ、ホントですか？」って質問がくるんですけど。それはね、私に聞いちゃダメなんです（笑）。

自分に聞いてください。その答えを一番よく知ってる人は、あなた自身。

しあわせって、自分の心が決めるものだからさ。

だから、自分が人を喜ばすことをやってごらん。

そしたら、私のいってることがわかるから。

しあわせな人は、なぜ、しあわせなのか

この前、ステキな踊りをおどってる人と、偶然、出会いました。

その人はレストランをやっているんだけど、「ウチの店にはあまりお客さんがこないんです」っていうのね。

私は、その人の話を聞いてて、こんなことを思った。

「もしかしたら、そこのレストランにきたお客さんが、誕生日やなんかお祝いごとがあったとき、その人のために、一曲、踊りをおどってあげたら、スゴく喜ばれて楽しくなるだろうな」って。

なにをいいたいんですか、って。

人間って、自分が楽しむことを先に考えちゃう傾向があるんだけど。

自分が楽しむことを考えるのはいいんだよ。私はなにも、「それは悪い」といってるんじゃないからね。

ただ、意外なことに、自分を先にするより、相手が楽しむことを先に考えると、もっと、もっと自分が楽しくなってくる。

自分の楽しみを優先したときの何倍、何十倍も楽しいんだよ、って。

それをいいたいんです。

だから、自分の趣味が踊りだとする。自分が好きな踊りをおどってると、「それだけで自分は楽しくてハッピーなんです」って。

だけど、知り合いの誕生日とか、周りにお祝いごとやなんかがあったとき、「自分の踊りで、人を楽しませられないだろうか」

そうやって考えだしたときから、もっと、もっと楽しくなってくる。

わかるかな。

たとえば、畑にニンジンの種をまけば、ニンジンが出る。キャベツの種をまけば、キャベツが出る。ごぼうの種をまけば、ごぼうが出る。

ここまで、OKですね。

そうすると、農家の人は畑に種をまきながら、「おいしくて、からだにもいい野菜を出したら、みんなに喜ばれるだろうな」とか考える。

「喜ばれるものを作るには、水やりはこうして、肥料はこれにして」とか。

農家の人は種まきしながら、そんなことを考えて、ワクワクしてるんです。

それと同じように、「人が喜ぶ」ことを考える、人を喜ばすという〝しあわせの種〟をまいていると、スゴく楽しくて、しあわせになる。

それで、〝しあわせの種〟をまく、人を喜ばすって、「誰々の誕生日を祝ってあげよう」とか、ちょっとしたことでいいうえに、ヘンな話、あまりお金をかけなくても、人を喜ばすことはできるんですよ。

マグカップに字を書いてあげる、なんてのは、一〇〇円か、二〇〇円の話でしょ。

人をほめたり、人にやさしい言葉をかけてあげるとかって、タダだよ。

それでも、ものスゴい効果がある。

「効果がある」というのは、人から笑顔がもらえる、ってことだよ。

人の笑顔って、生活の足しにもなんにもならないようだけど、実はスゴいの。

人が喜んで笑顔になった、そういう顔を自分に見せてくれたときって、釣り人が狙ってた石鯛を釣ったときとか、ゴルフでホールインワンしたときと同じか、それ以上の喜びがあるんです。
ステキな思い出として、いつまでも心に残り、人生を豊かにしてくれる。

人をしあわせにする、人を喜ばせることをやったら、自分だけじゃなく、相手の心にも「うれしいな」っていう思い出が残る。

〝第三のしあわせ〟知ってますか？

うれしい思い出を人にたくさん提供できる自分って、スゴくいいもんです。
そんな自分の人生って、最高だよ。

だから、人を喜ばせて、楽しい思い出のプレゼンターに自分はなるんだ、と。

そうやって心に決めて、やりだすとする。

すると、どんどん、どんどん楽しくなって、そのうち、「渡すタイミングをどうしようか。サプライズにしたら、どうだろう」とか考えだしたりね。

そうすると、サプライズものって、もらった人も喜ぶけど、自分も渡す前からワクワクしちゃう。

それを出したら、相手が「わぁ〜、ビックリした」とかいいながら喜んでる顔を見てると、こっちは「ヤッター！」とか思って、非常にハッピー。

そんなサプライズの楽しみを、覚えるようになってきたりして。うまく伝えられないけど、とにかく、人を喜ばすって、本当にいいもんです。

仕事においても、人を喜ばすことを考えながら仕事してるのと、そうじゃないのとでは、楽しさが、全然、違います。

社長や上司を喜ばそう、お客さんを喜ばそう、同僚も喜ばそう、って思うと、仕事がどんどん楽しくなってくるし、出世もするの。

それと、私はお店をやってる人に、よくいうんですけど。

客商売っていうのは、お客さんに「そこのお店に行くと楽しい」っていわれるような店を作んなきゃいけない。

飲食店をしてるんだとしたら、「自分のとこは、おいしい料理を出して喜ばすんだ」っていうのもいいよ。けどね。

私も、日本じゅう、いろんな食べもの屋に行ってるけど、食べもの屋でマズイところって少ない。どこの店も、味はそこそこ。そのなかで、繁盛してないお店というのは、たいがい、楽しくないお店なんです。

だから、お客さんを楽しませなきゃなんない。

そうすると、前に話した、ステキな踊りをおどれるレストランの人じゃないけれど、誕生日やなんかのお客さんに「ちょっとしたショーをしてあげるんだ」ってなったとき、「ショーはどういうタイミングでやろうか」「音楽はどうしようか」とか。

それから、「誕生日のケーキ、ちっちゃいのでもいいから出してあげようか」「ケーキを出す直前に、店の照明を落として」とか。

そんな演出を考えていると自分も楽しくて、お客さんも喜び、そのうち、お店も繁盛してくるようになるんです。

そば屋をやってる人だったら、「ウチは手打ち専門だから」「ウチ、もりそば一本です」でもいいですよ。もりそばの値段も、五〇〇円でも、一〇〇〇円でも、なんでもいいの。

だけど、お客さんを楽しませることはできないだろうか、って。

そしたら、お客さんが「もりそばちょうだい」っていったとき、野菜の天ぷらでもいいから、「この天ぷら、サービスです」って出すと、サービスされたほうはドキッとするんですよ。

同じ天ぷらをサービスするのでも、メニューに「サービスで、天ぷら、ついてます」って書いちゃうと、もう、楽しくない（笑）。

メニューに「もりそば」とだけ書いてあったところへ、「これ、サービスですから。私がつくった野菜の天ぷら、食べてください」って出すと、お客さんは「えっ、ホント！」ってビックリして、「まぁ〜、うれしいわ」って。

人間って、そうじゃない？　自分の身に置き換えて考えると、そのほうが楽しいじゃん。だから、自分が「楽しいなぁ〜」と思うことを、人にもやってあげればいいんです。


とにかく、なんでもいいから、人が喜ぶことをやってみる。仕事してるときも、プライベートでもそうですよ。そしたら、いつも自分はハッピー。

「どうしたら喜ぶだろうか」って考えてるだけで、もうワクワクしちゃう。

こういうのが〝第三のしあわせ〟だ。

って、私はいうんですけど。

ところで、あなたは〝第三のしあわせ〟を味わったことがありますか？


釣りとか、ゴルフとか、登山とかさ、ハイキングとか、いろんな楽しいものがあるけれど、そのなかの一つとして、「人の笑顔を見たり、人が喜ぶことをするのが趣味なんだ」って。

そんな考えの人たちが集まれるインターネットのサイトみたいのを作って、「今日、こんなことをしたら喜ばれた」とか、みんなでいいアイディアを共有しあって、使ってみたらどうだろう。

なんてことを考えながらワクワクしている、今日この頃の一人さんです（笑）。

2章

まだまだ行ける！
じゃんじゃん行ける！
バリバリ行ける！

一人さん、一生一回の「マイッタ」

私は、自分の人生を「喜劇だ」って決めてます。

なぜかというと、私は日本で一番、不幸が嫌いなんです。もう、一秒でもイヤっ（笑）。

だから、「自分の人生は喜劇だ」と思い、なにかあったら、即、頭を切り替える。いっつも、私はハッピー。

ところが、そんな一人さんにも、「これはマイッタな」と思ったことがあったんです。

前に、私のお弟子さんや会社の人たちが、

「一人さん、ちょっと仕事をお休みしたらどう？」「のんびりしてください」

みんながそうやっていうから、私も「そうかい」って、しぶしぶ仕事を休んで、いろいろやったんだけど。

なにをやっても、おもしろくない。即、マイッタしちゃった。

それで、また仕事をやるようになったら、案の上、楽しいの。

なにをいいたいのかというと、仕事は楽しいものなんだ、って。

なにがあっても肯定的に考え、しあわせなことに変えちゃう一人さんが、仕事を休むとマイっちゃう。それぐらい、仕事って楽しいんです。

世間を見てると、たいがいの人は「仕事はつらいもんだ」と思わされています。みんな、子どものときに、周りの大人たちに、「学生時代が一番いいよ」「社会に出ると、たいへんだよ」って、すりこまれちゃったんです。

ところが、この前、お母さんたちが働きにいく理由についてアンケートをとったら、「家にいたくない」という答えが一番多かった（笑）。

子どもには、本当のことを教えなきゃいけないね。

学校の先生は、一時間で教えなきゃいけないものを、教えきれなかったら、「はい、宿題ね」っていいます。

そうすると、子どもたちは家で宿題をする。それって、残業だよ。だけど、残業代はつかない。

社会に出て、残業すると、残業代がつくんです。学校の運動部でよく見かける、やたらといばってる先輩とかも、社会に出たらめったにいません。

それで、仕事って、本当に楽しいんです。

そのことを知らなかったら、ホント、人生、つまらない。

だって、一日八時間も、九時間も仕事をして、その間、ずっと「つまんないな」といってて。

仕事が終わってからも、飲み屋とかで「上司がどうでこうで」とかって。結局、ずぅーっと、つまらないんだよね。

でも、「仕事は楽しい」っていう頭に切りかえて、仕事をやりだすと、人生がぜんぜん違ってきちゃう。楽しくなってきて、スゴいハッピーなの。

だから、私はいうんです。

仕事は楽しいものなんだよ、って。

仕事の楽しさがわかる方法

もし、あなたが「仕事は楽しい」とは思ってなくて、だけど、「つまんない人生はヤだ」と思うなら、ちょっと試してほしいことがあるんです。

仕事の楽しさがわかる方法、というのがある。

これは、楽しくて、楽しくて、どうしようもないぐらい楽しんで仕事をやれちゃうと同時に、成功もする。そんな方法です。

私はよく「仕事はゲームだ」っていいます。実際、仕事をゲームにしてるんです。ゲームにすると、仕事はもっと楽しくなる。

たとえば、お店をやっている人だったら、今月の売り上げが先月より一万円多かったら、勝ち。一点獲得。二万円多かったら、二点獲得ということにする。

それで、このゲームに名前をつける。

「じゃんじゃんバリバリゲーム」とか（笑）。

なんでもいいから、自分の好きな名前をつけてください。

それと、点数表をつける。

だから、先月の売り上げが六〇万円だったとして、それを六一万にしたら勝ち。「ヤッター！　はい、一点ね」って、点数表に一点をつける。

それで仕事をするんだけど、私はよく「仕事って、渓流《けいりゅう》釣りみたいなものなんだ」っていうんです。魚を釣るがごとく仕事をする。

渓流釣りというのは、山のなかに入って、岩魚《いわな》とかを釣るんだけど。岩魚とかって、澄《す》んだ水のところにいて、泳いでいるのが見える。でも、岩魚も釣り人のことを見てて、「おっ、あやしいヤツがきた」って（笑）。

だから、魚に気づかれないよう、水面に人影をうつさないよう、岩場なんかに隠れて、釣り糸もホントにほそーい糸を使う。

それで、岩魚が好きなエサをつけて、魚を寄せるんだけど。これがね、実に、仕事とよく似てるんです。

自分がはじめて仕事をするとき、たいていは、お金がそんなにないから、商店街のはじっことか、人通りの少ないところにしかお店を出せなかったりする。こっちには人がこない。向こうのほうはいっぱいだ。そしたら、

「どうしたら、ここへきてくれるだろうか」

人を寄せることを考える。

釣り人も、岩場の向こうにいる魚を「どうしたら、こっちに寄せることができるだろう」「エサは、どんなのをつけたらいいだろう」って考える。「ミミズがいいのかな。アカムシがいいのかな」って、魚が喜びそうなエサを考えて、魚を寄せて釣りあげる。魚が寄ってこなかったら、「このエサじゃないんだ。この仕掛けじゃダメなんだ。別のにしよう」ってやるんだよね。

仕事もそれと同じなのに、お店がうまくいかない人はお客さんの喜ぶ店でなくて、自分の趣味のお店をやりたがる。

魚釣りでたとえると、エサに、自分が好きだからって、いちごパフェをつけるようなもんだよ。魚が好きなもの、つけなくちゃ、釣れるわけないよね。

仕事もそれと同じで、お客さんを喜ばすことをして、またお店にきてもらう。だから、「お客さんが喜ぶことってなんだろう」って考える。

そして、お客さんが喜ぶことをやり、店を繁盛させる、と。繁盛してる店ほど、お客さんに喜ばれてる。

「なにをしたらお客さんが喜ぶだろうか」を考えてても楽しいし、「どうしたら、ウチの店にきてくれるだろうか」って考えてても楽しい。

それを、お店のなかで、ただじぃーっとして、「お客さんがこないな」って。そんな、店のなかでじぃーっとしてて、くるわけないよ（笑）。お客さんは、外からくるんだよ。

外からくるんだから、店の看板も汚くしてちゃいけないの。魚釣りじゃないけれど、その看板でお客さんを寄せるんだよ。ちゃんとキレイにして、汚れてたら掃除するんです。

それから、店の外に出て、遠くのほうから歩いてきて、自分のお店を見て看板を見て、「お客さんが入りたくなるだろうか」って考える。

そして、また考える。

「ウチにきてくれたお客さん、ここが楽しいと思ってくれるだろうか」

そこが楽しいお店だと、お客さんが何度もなんどもきてくれるうえに、友だちまで連れてきてくれるんです。

ともかく、仕事は、おもしろいよ。ゲームにすると、もっとおもしろいよ。「売り上げを一万円あげると勝ちね」っていうと、ワクワクしてきて、「やってやるか」って。

それで、一万円あげるために、見事な笑顔でいようとか、ポップ書きどうしようとか、いろんな知恵が出てきて、それもまた楽しいの。

だから、今、一人さんがいったゲーム、そのまんまじゃなくてもいいよ。自分にあったゲームをやってください。

たとえば、サラリーマンの人で、「ウチの部長がもうヤんなっちゃう。人にすぐ『このバカヤロー』って怒鳴るんだ」というなら、こんなゲーム。

今日一日、部長が怒鳴る回数の予想を立てる（笑）。「部長のノルマゲーム」とか、「部長の青春甲子園」とか、なんでもいいから、名前をつけるんです。

それで、「今日は一一回だな」と予想を立てたんだとしたら、部長が一〇回怒鳴った後に、心のなかで「あーと一回、あーと一回」とかいったりね（笑）。

職場の同僚と目くばせして一緒になって、心のなかで「あーと一回、あーと一回」ってやると、甲子園のアルプススタンドみたいな興奮、仲間たちとの一体感も味わえると（笑）。

だから、怒鳴られることをおそれてるか、ゲームにするかで、全然、違うんです。「怒鳴られたらどうしよう」と思ってたら、部長がいる間、ビクビクしていなきゃなんない。

だから、部長のことをゲームにする。予想を立てる。予想どおり、怒鳴る回数が適中した人が勝ち、ってことにしたら、「今日は予想どおり適中だったから、オレの勝ちだ」とか。

予想より少なかったら、「今日はノルマ達成してないじゃないか。なんだよ、部長、根性ねぇな〜」とかって。

だから、たいがいのことは、ゲームにしたら、もう勝ちなんです。

今、私がいったことを参考に、自分にあったゲームをやってみてください。

ゲームが、何倍もおもしろくなるコツは、三つです。

一つは、ゲームに名前をつけること。

二つ目は、点数表をつけること。

それから三つ目は、時々、お祝いをする。

ケーキを食べてお祝いするのでもいい、みんなで缶ビールとか買ってきて乾杯するのでもいいよ。ただし、点数表の数字が伸びたときだけ、お祝いする、というのはいけない。ゲームで勝とうが、負けようが、お祝いするんです。

それって、大事なの。お祝いして盛りあがることが大事。

だって、ずっと生きてて、ワイワイ、盛りあがることがなかったら、つまらない。そうでしょ。

だから、ゲームをやって盛りあがり、ゲームに勝っても、負けても、お祝いをして盛りあがる。そしたら、楽しいんだよ。

「当たり前を当たり前にやる」で仕事はうまく行く

世間の人は、「仕事は難しい、難しい」っていいます。でも、一人さんは「そうでもないよ」って。

「仕事はそんなに難しくないよ」って。

だって、仕事は当たり前をやってれば、当たり前にうまく行くんだよ。

「じゃあ、当たり前って、なんですか？」っていったとき、人のお役に立つこと。

仕事って、どのぐらい、人さまのお役に立っているか、なんです。

そうすると、私なんかの場合だと、お客さんのお役に立つ商品を作る。それと、私は社長だから、お給料を出したり、やりがいのある仕事を作ったりするんですけれど。ウチの仕事をしている人たちやお客さんのお役に立つことをする。

サラリーマンだったら、会社の役に立つことはなんだろう、って一生懸命考えて、会社の役に立つことをする。職場の仲間に仕事のやり方を教えたりして仲間のお役に立つ。

お店をやってる人は、たとえば焼き肉屋だったら、おいしい焼き肉を食べさす他に、最高の笑顔で、最高に感じがいいおもてなしをするにはどうしたらいいか、お客さんのお役に立つことを真剣に考えてやる。

これって、当たり前ですよね、ふつうでしょ？

ただ、今は、ふつうにお役に立つだけでは、うまくいかない。

今は、お役に立つことに「楽しい」を加味しないといけない時代なんです。「楽しい」が求められてる。

だから、会社で、暗いムードをかもし出しながら、一生懸命、仕事をして、「私、会社のお役に立つことしてます」といってても、なかなか、会社に認めてもらえないんです。

同じ一生懸命働くのでも、明るい笑顔で、元気はつらつと楽しげに働いてなきゃいけない。

お店だったら、そこのお店の人が出てくるとお客さんの気分も明るくなるとか、「そこへ行くと楽しくなっちゃう」というのもなきゃいけない。

だから、仕事のコツなんて、勤め人だろうが、商人だろうが、全部同じ。お役に立ったうえに、その人がいると場が明るくなっちゃうとか、そういうことが大切なんです。

「楽しい」が求められている今の時代、そんなのは、もう当たり前。そんな、感心したり、ビックリするようなことじゃないんです。

もう、サッサと、「楽しい」を加味してお役に立つことをやっていかなきゃなんない。それを当然のこととして、生きるしかない。


この前、あるところで、若い人たちとワイワイ雑談してるときに、この話をしたんです。そしたら、おもしろいことがあったの。

私が「お役に立つうえに、自分が職場に行ったら、そこが明るくなっちゃう、ぐらいな人間だったら、会社にも仲間にも喜ばれて、大切にされるからね」ってしゃべったら、ちょっと、暗そうな顔をした人がこういった。

「葬儀屋でも、そうしなきゃいけないんですか？」

あんたは葬儀屋やってないだろ、って（笑）。

みんなも知ってると思うけど、念のため、いうけど、葬儀屋さんだったら、お葬式のときはそれに合った雰囲気を出さなきゃいけないよね。

いくら「今は楽しいが大事な時代だ」といっても、世の中には、なんでも、例外があるよね。ＴＰＯってものがあるから、それを考えてやらなきゃいけない。

みんなが盛りあがってるときとか、盛りあがろうとしてるときに、盛りさげるようなことをしちゃいけない。

仕事で大切なことって、そういうことなんです。

そして、仕事がうまく行くコツは、ふつうにお役に立つだけじゃなくて、楽しくなって役に立っちゃう。

その人がくると、明るくなっちゃう。お店だって、そこへ行くと、楽しくなっちゃう、明るくなっちゃう。わかるね。

ふつうにお役に立つだけだったら、今の時代、成功は無理だよ。

この不況でも、元気はつらつとやってることが、世間やお客さんに求められてるんです。求められてるものを出さないで、「お金だけ、欲しいんです」「会社を存続させたいんです」って、無理。

この世の中は、道理どおりです。だから、道理どおりにやればいい。お役に立つことに「楽しい」を加味して、やっていけばいいんです。

商いは「お金の流れる川に手を入れる」

この世の中には、お金の流れる川がある。
それで、お金もうけには、ひとつの法則があるんです。
それを今から話します。

たとえば、自分が習いごとの教室をはじめるとする。習字でも、ピアノでもなんでもいいんです。自分が習いごとの教室をやる、と思ってください。
そうすると、この世の中には、いろんなお金の流れる川があって、そのなかで、世間の人が習いごとにつかうお金の流れる川があるんです。

世間の人が、英語を習ったり、習字を習ったり、いろんな習いごとにつかうお金というのが、何千億円かある。

その何千億円という膨大なお金が流れる川に、すこーし、自分の手を入れてみる。

お金をもうけたいからって、最初からいきなり川の流れを変えようとしちゃダメだよ。そんなことをしたら、膨大なお金の川にのまれて、たいへんなことになっちゃう。

最初は、習いごとというお金の川に、ちょっと自分の手を入れてみるんです。

どういうことかというと、

「習いごとって、なんだろう。なぜ、人は習いごとをするんだろう」

って考える。

そうすると、パッと頭に浮かぶのは、「習いごとって、ヒマつぶしだ」って。

まず、それが一つある、と。

そしたら、「どうせやるなら、楽しくヒマがつぶれたらいいよな。そのためにはどうしたらいいんだろう」って考え、楽しくヒマつぶしができることをやる。

そしてまた、考える。

「なぜ、人は習いごとをするんだろう」

そうすると、知識とか、自分の腕を向上させたい、というのもあるよね。習字だったら、キレイな字を書けるようになりたい。ピアノだったら、好きな曲をひいてみたいとかあるんだけど。

「じゃあ、楽しく知識や腕が向上することをやろう」

それをやって、また考える。

「なぜ、人は習いごとをするんだろう」

すると、習いごとで身に付けた知識や腕でもって、なにか楽しいことがやりたいな、っていうのがある。

だから、自分が習字を教えてるんだとしたら、「誰かの誕生日とかに、白いマグカップに『おめでとう』って字を書いてプレゼントすると喜ばれて、自分も楽しくなりますよ」とか、知識や腕を利用した楽しみを教えてあげる。

こんなふうに、「なぜ、習いごとをするのか」がわかり、少しずつ川に手を入れていって、奥まで手を出せるようになった。それを「堰《せき》を造る」というんです。

この「堰を造る」ということができたとき、人が習いごとにつかう何千億もの膨大なるお金は、「もっと楽しくて、もっといいところ」に流れていくんです。

要するに、そのお金は、「もっと楽しいこと、ないかな」って、常にもっと楽しいことを探していて、もっと楽しいことを望んでるんです。

だから、川の流れを変える、じゃなくて、「楽しい」という流れにそって、ちょっと川に手を入れ、またもう少し手を入れ、またもう少し、ってやっていって、奥のほうまで手を出して堰を作ったときに、川の水が、サーっと、自分のほうに流れてくる。

今、話したことは、どんな仕事にも当てはまります。

たとえば、居酒屋の場合だと、居酒屋らしいけん騒のなかで一杯飲みたい、というのがある。その「飲む」ということのなかに、楽しく、交遊《こうゆう》につかうお金、という流れがあるんです。

その流れにそって、「人が飲みたいって、どうなんだろう」「楽しいって、どうなんだろう」

そういうふうに考えて、一個、一個、やっていくと、自分のところへ流れてくる川幅がどんどん、どんどん広がって、入るお金が増えてくる。

これをやらないで、「お金をもうけたいんです」って、それは無理なんです。

だから、習いごとを仕事にする場合は習いごとをしたい人の気持ち、飲み屋さんなら酒を飲みたい人の気持ちを、真剣に考えてあげること。

真剣に考えてあげて、行うことが、川の流れに新しい堰を作る。

仕事のコツって、本当に、それなんです。

ものの価値、本物の価値を見抜いてますか？

さっき、私が話した仕事がうまく行くコツ、それから、お金がもうかるコツ、どれも当たり前の話です。

この当たり前をやれば、仕事はうまく行き、もうかる。そうならないのは、「仕事が難しいから」とかじゃない。道理どおりにやらないからなんです。

だから、道理どおりにやってごらん。

居酒屋をやってるんだったら、「人はなぜ、酒を飲みにくるんだろう」って、分析するんです。そしたら、やるべきことが見えてくる。

もちろん、分析するときは、ヨソのお店を見に行くといいんだよ。そしたら、自分のやってることが、正しいかどうか、すぐわかるから。

もし、自分の店がうまく行ってないなら、うまく行ってる店と比べると、「こんなことやってたら、お客さん、ウチの店にこないはずだわ」とか、「これじゃあ、売り上げ、目標に行かないはずだわ」とか、やってることが間違いだ、ってことがわかる。そしたら、それを改善すればいいだけのことなんです。

だから、「なんだ、そんなの当たり前じゃないか」って思うかもわかんないけど、その当たり前というのは、スゴい価値がある。わかるかな?

この世に無駄なものってないの。ヒマな店にはヒマな店を見る価値があり、繁盛店なら繁盛店を見る価値がある。

その価値観というのを知らないと、仕事というのは、なかなか、うまく行かないんです。

千葉県に、寺田本家という酒蔵があって、そこの蔵元の寺田さんと親しくおつきあいさせてもらってるんですけど。

寺田さんのとこのお酒って、スゴい人気で、出すお酒、出すお酒、すぐ売り切れになっちゃうんです。最近の日本酒業界ではめずらしい、成功してる人なんです、寺田さんという方は。

その寺田さんとこの酒蔵へ全国から人がくる。そうすると、寺田さんたちは、蔵のなかを見せてくれたり、いろんなことを教えてくれるんです。

それってね、スゴいことなの。成功してる人が見せてくれるって、スゴいんだよ。そのスゴさというものを認識してましたか？

繁盛してるそば屋がある、私もそば屋だとする。そしたら、繁盛してるそば屋へ行って、六〇〇円のもりそばを食べる。

六〇〇円払ったら、そこのそばの味が見える。従業員の態度も見える。そばつゆだって、接客の仕方だってなんだって、店が繁盛するものをお持ち帰りすることもできるんだよ、って。

そしたら、それって、六〇〇円じゃないんです。それをマネしたら、毎月、何百万円という売り上げになる。

繁盛してる店は、経営コンサルタントも誰も教えてくれないようなものまで出して、見せてくれているんです。

それを、六〇〇円払っただけで帰ってくるんじゃ、ただのお客さん。六〇〇円払って、「ウマかった」「まずかった」だけじゃ、ただのお客の意見なんです。

商人はそうじゃない。

〝商人の見る目〟というのは、「こんなにスゴいものを六〇〇円で出して、見せてくれる。これは、五〇〇万円の価値があるぞ」

それから、ヒマな店に行って、ウマくもないそばを食べたら、

「こんなことしたら、店がヒマになって、つぶれちゃうよ、というのを見せてくれてる。知らないままでいたら、自分も同じことをして、店をつぶすとこだっ

た。ここは三〇〇万の価値がある」

わかりますか？

「こんな、ウマくもないそばで、やんなっちゃった」じゃないんです。ウマくもないそばを出したらヒマになることがわかったら、そこの店は自分にとって三〇〇万の価値がある。

あなた、それを見抜いてましたか？

本物の価値観というものを、もってましたか？

今まで、本物の価値感というものを知らなかった人は、知らないから見抜けなかった。だけど、今、あなたは、この本で本物の価値感を知ったんだよね。よかったね、これからは、ヨソのお店で五〇〇円払ったんだとしたら、五〇〇円払っただけで帰ってこれなくなるよ。

そこの店から何百万円もの価値を得て、帰ってこれる。だって、もうすでに本物の価値感がわかったんだから。

人は、「自分は宝に囲まれて生きてる」「神は自分にいろんな宝を与えてくれてるんだ」ってことを知った瞬間から、いろんな宝を手に入れるようになってる。

わかりますか？

流行ってる店には流行ってる店の価値があり、ヒマな店にはヒマな店の価値がある。いずれのお店も、何百万もの価値があるものを出してくれてる。それに気づかなかったら、自分はその価値あるものを得ようとは思わないよね。

だけど、「何百万の価値がある」と気づいたら、その時点で、そこの店から、価値あるものをもらってるんです。

だから、本当は、神は、誰にでも、いろんな宝を与えてくれているんです。

だけど、「いろんな宝を与えられている」と気づかなかったら、自分の周りにあるものは「取るに足りないものだ」って思っちゃう。

そういう人は、宝が見えない。仕事でも、人生でも、そうなんです。

人はみな一生懸命生きている

人は、みんな、一生懸命、生きてる。

一人さんはそういいます。

世の中には、いろんな人がいるんだけど、「人は、みんな、一生懸命、生きてるんだよ」って。わかりますか？

運動会のかけっこで、足の遅い子は最下位になるんだけど、「がんばってない」んじゃない。がんばって、一生懸命走ってもペケなの。

パチンコばっかりやってる人、そういう人はパチンコ好きで生まれちゃってるんです。歌が好きで生まれちゃってる人もいるの。その人たちも、一生懸命、生きてる。

どんな人も、一生懸命、生きてる。

そうやって決めておくと、不思議と、どの人間も愛らしく見えてきます。

なにも、私は「嫌なことをするヤツがいてもガマンしろ」とか、いってるんじゃないよ。「みんな、一生懸命なんだ」って自分のなかで決めちゃうと、同じ人間でもちょっと違って見えてくるんだ、っていってるんです。

ちなみに、そうやって決めてる一人さんは、いっつも、しあわせです。


「私、しあわせじゃない」っていう人は、しあわせのレベルが高いんです。

たとえば、奥さんが一生懸命レンジでチンしたご飯を出してるところ、旦那が「ちゃんと料理を作らないで、ナマケてる」って思った瞬間、バトルがはじまる。

だから、自分のなかのしあわせのレベルをちょっとさげればいいんです。

「毎日、ご飯が食べられてありがたい」とかさ。

それから、私なんかはよく「親がゴキブリじゃなかっただけで、ありがたい」っていうんです。

だって、もし、親がゴキブリだったら、自分もゴキブリだった。今ごろスリッパでたたかれてるとこだったんだよ。親がゴキブリじゃなかっただけでも、ありがたいね（笑）。

それから、いろんな人を見て、「あの人はああいう性格だから、私、ガマンできないのよ」とか、いろいろいう人がいるんだけど。自分がそういう性格に生まれなかっただけで、ありがたいの。

ホントだよ。もし、自分がそういう性格に生まれてきちゃってたら、自分はどうなってただろうって、考えてみてごらん。嫌でしょ。

そしたら、そうじゃなく生まれてこれたのって、ありがたいじゃん。

そうやって、小さいことに感謝してると、毎日しあわせだよ。

それで、人って、感謝しようと思えば、いくらでも感謝できるんです。

人が心満たされないのは、「誰かが自分のためになにかをしてくれたらいい」と思ってる。

ただ待ってたって、なにもはじまらないよ。

しあわせって、待ってるものじゃないの。

しあわせというのは、自分でなる、ものなんだよ。

自分に都合の悪いことは思わない

この世の中は、神の摂理で動いてる。

だから、この世は、お金持ちの思うようにはならない。

一人さん、なにをいいたいんですか？　ってね。

この前、「お金持ちはおいしいものが食べれて、好きなことができて、いいいな」

っていう人がいたんです。

だけど、お金をたくさん出せばおいしいものが食べられるんだったら、安いものは、みんなマズい、ってことになる。でも、事実上、安くておいしいものって、山ほどあるんです。

それと、昔から「朝鮮ニンジンは効く」っていうけど、朝鮮ニンジンよりうんと安い、ふつうのニンジンだって、スゴい効くんです。

ふつうのニンジンを何本かすりおろして、それを飲むと、具合の悪かった人が元気になっちゃう。ガンでもなんでも、やっつけちゃうんだよ。

いいかい、神さまは「お金をもってない人は苦労してなさい」とか、「マズいものだけ食べてなさい」とか、いわない。

神はそういうことをいわないから、神なんだ。

その神の摂理でこの世の中は動くから、中学校しか出てなくてもオレみたく納税日本一になっちゃうようなヤツが出てくる。

だから、「中学校出だからダメだ」とか思ってちゃダメなんです。中学出だと、高校出の人より社会に出るのが三年早い。大学出と比べたら七年早いんです。マラソンだと、他の人より、七年も早く走っていたら、相当、先、行っちゃう（笑）。

それと、『ウサギとカメ』っていう物語がありますよね。みんなは「カメが勝った」という。でも、一人さんにいわせると、カメは負けなんです。

試合中にウサギが寝てくれたから、カメは勝った。って、みんなはいうんだけど。でも、競技中に寝てる選手、あなた、見たことありますか？

そんなもん、いるわけないだろ、って（笑）。

カメは泳ぎが得意なんだから、ウサギと勝負するんだったら、水泳に持ち込まなきゃダメなんだよ。

それを、ウサギに「陸で、かけっこしよう」って。なにを血迷ったか、足の遅いカメが自分から足の超速いウサギに「かけっこしよう」って持ち込んだ時点で、カメの負け。

かけっこが速いウサギと勝負したら、カメが勝つわけがない。現実にそうでしょ。競技中に寝ちゃうようなヤツもいないんだよ。苦手な競技で勝負するヤツもいない。

だから、中学出や高校出の人が、大学出ばっかりのところで働いてたって、出世が難しいのが当たり前。

でも、「出世できないから、中学出はダメだ」じゃない。中学出でも出世できる職業が一つあるんです。

それは、「社長業」です。

自分でラーメン屋やれば、ラーメン屋一軒でも、自分は社長だよ。居酒屋をやれば、そこの社長だよ。

社長になって、一生懸命、仕事して、チェーン店にでもしたら、一流会社の社長の何倍も給料とることはできるんです。


だから、「中学出だからダメだ」とか、これこれができないから「自分はダメだ」とか、思っちゃいけない。

「自分は学生のとき、方程式ができなくて」って、社会に出たら、方程式はいらないの。

万が一、必要なことがあったとしても、そのときは、必ずできる人間が出てくるようになってる。「斎藤さんの会社で、私を使ってくれませんか」っていう人が、必ず出てくるんです。

英語ができないで困る、じゃない。英語が必要になったとき、必ず英語ができるヤツがくる。

だから、世の中は、困らないようにできてるの。

「私の人生、こんなに困ることがあるんですけど」って、それはあなたが「自分の人生は、困る人生だ」と思ってるから。

この世は、思ったことが現実になるの。

だから、自分に都合の悪いこと、思っちゃいけないよ。

全力で、今をしあわせに生きよう

私は子どものときからしあわせで、中学校を卒業して、社会に出たときもしあわせ。

もちろん、今も、しあわせです。

それは、私が、楽しいことを考えているからなんです。

しあわせじゃない人って、その人の人生そのものが不幸なんじゃない。楽しくないこと、嫌なことを考えてるから、しあわせじゃなくなっちゃうんです。

だってそうでしょ、「四と九は不吉な数字だ」とか思ってる人は、四とか九が出てきたら、「あら、嫌だわ」ってなるよね。

だけど、私やお弟子さんたちみたいに、「四と九はいい数字だ」って思ってると、一から一〇のうち、いい数字がいっぱいあるうえに、悪い数字は一つもない。

そう考えると、ワクワクしちゃう。

それから、私たちは、蛇に会うと、「金運がよくなる。ついてる」ということに決めてるんだけど、そう思ってない人は、蛇が出てきたら「ギャー！」とか、「怖い！」とかって。

厄年だって、「厄年は嫌だ」と思ってたら、厄年の間じゅうビクビクしてなきゃなんない。

だけど、一人さんたちみたく「厄年とは飛躍の年だ」っていってると、なんともないの。

だから、人間、なにを思うかなんだよ。

それで、人の思いというのは、いう言葉に従うようになってる。

思ってなくてもいいから「楽しいな」っていってごらん。そうすると、脳は勝手に楽しいことを考えるよ。

「しあわせだな」っていうと、しあわせなことを考えるようになってる。

だけど、楽しいことを考えるって、言葉だけじゃないよ。

将棋が好きな人だったら、将棋のことを考えてれば楽しいよね。釣りが好きだったら、釣りのことを考えてたら楽しいよね。

だから、自分が楽しくなるなら、「仕事が終わったら、一杯、飲みに行こう」とか、「お給料が出たら、欲しかったあの洋服を買うんだ」とかでもいいの。

「仕事でもうかったら、外車を買って、いい女を乗っけてドライブするんだ」でもいい。

なんでもいいから、今、ここで、楽しくなっちゃうことを考えよう。

そして、今、ここで、しあわせになる。

これが、一人さんの精神論なんです。


精神論っていうと、「苦しいのに耐える」だとか、「貧しさに耐える」とか、いうけど、そういう精神論が好きな人は、それで行けばいいんですよ。

でも、一人さんの精神論はそうじゃない。

「今をしあわせに生きる」ことなんです。

明日もしあわせに生きるんだったら、今をしあわせに生きなきゃいけない。

そのために、言葉を使い、頭を使い、すべてを使い、全力で、今、ここで、しあわせになる。

それができれば、商店街のはじっこの、人通りの少ないところでしかお店が出せなくても、店を繁盛させることもできるんだよ。

私のお弟子さんたちの会社が、不況がこようが、なにがこようが、元気いいのは、この一人さんの精神論を実践してきたからなんです。

だから、「今をしあわせに生きる」ということをやってると、仕事もうまく行くし、今、運勢がよくなくても、それを好転させるぐらいのことはできる。

会社だって、人だって、しあわせにできるんです。

自分の信じた道

この前、あるところで素晴らしい書《しょ》を書く人がいたんだけど、その人はお師匠さんに破門されたらしいの。

なぜかというと、読みづらい字にふりがなをつけたら、「書道でそんなことをするヤツはいない」といわれて破門になったらしい。

それなら、自分で流派をつくって教えればいい。そのとき、はじめは「お弟子さんは〇《ゼロ》でもいい」そういう気持ちでやったほうがいいよ——ってアドバイスしたんだ。

よく、誰か一人でもわかってくれればいい、ということをいう人がいるけれど、その言葉を聞くと、「惜しい」っていう気がする。「おまえ一人でもわかってくれればいい」という人にかぎって、最後には、その一人もいなくなる（笑）。「誰もわかってくれなくていい。オレ一人でもやる」といってがんばってる人は、ふり返ると、おおぜい人がついてくる。

そういうもんだよ、人生っていうのは。

オレも自分の弟子たちについてきてほしくて、しゃべったことは一度もない。

ただ、自分の信じてたことを一生懸命話してただけだよ。
今もそうだけどね。

3章

まだまだ、世の中はよくなる！あなたの人生は、さらによくなる！

〝本当のしあわせ〟のために知っておきたいこと

本当のしあわせ――。

人がしあわせになるのをジャマするものがあります。

それは、不当な恐怖。不当といっちゃ、おかしいのかもわかんないけど。

要は、現実にありえないことを恐れたり、この先、起こりえないことに恐怖を感じてるんだ、っていいたいんです。

いつの時代も、「もうじき、こんな悪いことが起きる」とか、終末思想的な話が出てきます。

たとえば、最近だと、やっかいな病原菌みたいのが出てきて、「何億人、死ぬんじゃないか」とかいってる。

そういう類の話が、常に、出てきます。

人を怖がらせようとする人間って、常に、いるんです。

でも、「やっかいな病原菌が出てきて、何億人も亡くなる」って、私にいわせると、ありえない。人類を破滅させるような菌なんか、出てこない。

常に、学者は新しい菌を発見します。発見されてはいるけれど、現実に人類は滅亡しないで、逆に、世界の人口は増え続けてるんです。

過去には、ペストも出た、コレラも出た、そういうものが流行していたにもかかわらず、生き残った人が山ほどいるんです。そういう人たちって、スゴい細胞をもってて、免疫力のかたまりみたいな人間なんですよ。

私たちは、そういうスゴい人たちから、からだの細胞から免疫力から、遺伝子から、いろんなものを引き継いで、今、生きています。

だから、私たちを死に絶えさせるような菌なんて、出てきっこない！

それにしても、こういう終末思想的な話が常に出てくるのは、どうしてなんだろう。

もしかしたら、おばけの話と同じ心理かもしれない。ほら、おばけの話って、みんな、怖がるワリに、不思議と、夜になるとおばけの話をしたがったり、聞きたがったりするじゃない？

「キャー」とか、「うわぁ〜」とかいいながら、おばけの話で、相当、盛りあがってて。もしかしたら、終末思想的な話も、それと同じなんじゃないか。

聞いたら怖くなるのがわかってて、怖くなるぐらいなら聞かなきゃいいのに、誰かが終末的な話をすると、「ちょっと、それ、教えて」とかって。

それで、みんなして「こんな悪いことが起きる」「人類は破滅する」とか、ずうーっと、しゃべってて、「怖い、怖い」「不安だ、不安だ」って。

話の種で楽しんでいるならいいけど、本当に怖がってるならやめたほうがいいよ。人生のムダだから。

人は、みんな、しあわせになるために生まれてきてるんです。

ビクビクおびえながら生きるために、この世にきてるんじゃない。

人間がしあわせであるために、神が与えてくれた、考える脳、言葉を、不幸になるために使っちゃいけないんだ。

恐れる前に、人類の歩みを見よ

世の中は、どんどん、どんどん、よくなってきています。

たとえば、人の寿命は、一〇〇年前と比べたら、格段に伸びています。しかも、昔のお年寄りというと、たいがいはヨボヨボしてたもんだけど、今のお年寄りはそうじゃなくて、若々しくしてる人が多いですよね。

それから、最近、みんなして、やたらと「ウチは貧乏だ、貧乏だ」とかいうんですけど。

ちょっと前の日本人は〝おしん〟ぐらい貧しかった。昔の貧乏というのは、ご飯が食べられないぐらい貧しかったんです。

でも、今の日本人は太りすぎの人が多くて（笑）。キレイになりたい女性はもちろん、男の人だって「メタボ解消のために」とか、「カッコよくなりたい」とかいって、ダイエットしてます。

それから、「日本の将来の社会保障が心配だ」っていう人もいるんですけど。

今、病院にかかって、窓口で自分が支払う分は三割とかでいい、ってことになってます。

国が「三割負担でお願いします」っていったとき、世間は大さわぎになったけれど、前はお医者さんにかかったら、全額、自分もちでした。

年金だって、「もらう額がどんどん目減りしていってる」っていうけど、ちょっと前まで、年金なんてものは存在しなかった。

ね、世の中って、どんどん、よくなってる。

もちろん、「よくなってる」といっても、人間って不完全だから、不完全な人間がやることには「完璧にいい」というのはないんです。

でも、政治家だって、お役人だって、国民のために、がんばってくれてる。がんばってるけど、人間に完璧というのはない。

完璧って、神の領域だからね。

だけど、人間っていうのは、生あるものは草でも木でもなんでもそうだけど、「生きてる」ということは「成長する」ということなんです。

だから、今は、どんどん、どんどん、よくなりつつある過程。

みんなで、「あーでもない」「こーでもない」「じゃあ、こうしよう」「ああしよう」ってやりながら進むから、そう簡単によくならなかったりもするよ。

だから、〝今〟だけを見てると、本当によくなっているのか、わからないかもしれないけど。

でも、歴史をよく見て、もっと長いスパンでものを見ると、「常に〝今〟はよりよき方向に向かってるんだ」ってことが、わかってくる。

たとえば、「また世界大戦が起きて、人類が滅ぶんじゃないか」というような話を聞いたって、「そんな戦争は起きないよ」って、わかります。

「戦争が起きないって、一人さん、本当ですか？」って、本当だよ。

人類が滅亡するような大きな戦争は、今後、起きない。

神がそんなことをゆるすはずがないし、第一、人類はそこまでおろかじゃない。過去に、戦争の悲惨さを経験して、戦争なんて、するもんじゃないって、もうすでに学んだんです。

人類の魂は成長しているんだよ、って。

最近は、北朝鮮がどうだこうだ、といわれているけれど、みんな肝心なことを見落としてます。

原爆をもってる国は、原爆をもっているから他国に原爆を落とせないんです。

どういうことかというと、原爆保有国が他国に向けて原爆を発射したら、別の原爆保有国が黙っちゃいない。アメリカやなんかに原爆を落とされるんです。

ということは、原爆保有国はお互い戦争ができない。

そうやって私がいってても、「でも、独裁者は無謀だから、なんかするんじゃないか」って、心配する人がいるんですけど。

独裁国の特徴は、独裁者に逆らうと殺されちゃう。だから、独裁国の人たちは、絶対、独裁者に逆らわないんです。

こういう政治的力学が働いて、独裁国というものが、なり立ってる。平たくいうと、独裁国って、命が欲しい人の塊なんですよ。

ということは、なにかやったら自分の上に原爆が落っこちてくる、となったら、自分から戦争をしかけてこない。

だから、心配する必要はないよ、って。

アセンション？（笑）そんなもん、起きないよ

ホントに、世の中にはおもしろいことをいう人がいます。

たとえば、私が子どもの頃、ある易者に「手相、見せてください」っていわれて、「ああ、いいよ」って見させてあげたことがあるんですけど。

その易者が、私の手相を見ていうのには、「あなたは一生、金持てない」って（笑）。

それと、「こまめに働いて、小銭をためるけど、晩年、色で失う」という話もあって（笑）。

でも、今、私は、みなさんのおかげで、毎年、たくさんの税金を納めさせてもらってます。

あと、「晩年、色で失う」っていうのは、ずぅーっと女性と縁遠い生活してた人が、晩年、急に夜のクラブ活動とかに目覚めたりしたときに「色で失う」傾向がある。「晩年、色で失う」っていうのは、そういうことなんだけど。

ところが、私の場合、自慢じゃないけど、小さい頃からキレイな女の人に囲まれて生きてきちゃっているんです。

なおかつ、「自分で稼ぐわよ」っていう女の人としか、縁がない。私の周りにいる女性たちって、なぜか、そうなんです。

誤解しないでくださいよ、私は、別に占いを否定しているんじゃないからね。

私がいいたいのは、「この手相じゃダメだ」とか、「この方角じゃダメだ」とかいわれて、いちいち動揺する必要なんかないよ、って。

人の心にともってる灯を消すようなことを平気でいうようなヤツに影響されちゃダメだよ。

そうはいっても、むやみやたらと人の気持ちを動揺させるような人って、いるんだよなぁ。


以前には、なんでしたっけ？　ノストラダムスの大予言ですか。「一九九九年に人類は滅亡《めつぼう》する」とかいう話。

あの話が出たとき、一人さんは「そんなことは絶対起きないよ」っていってたんですけど。

マスコミも盛りあげて、宗教をやってる人も盛りあげるから、そこらじゅうで「二〇〇〇年の世界を見れないかも」とか話しあってて、ビクビクしてて。

でも、今になってみると、あの盛りあがりは、一体なんだったんだ、っていうね（笑）。

ところが、ノストラダムスが笑い話になったと思ったら、今度は、アセンションとかいうのがあるっていう話が出てきた。

今まで、人類はいろんなことを経験して学び、魂を成長させてきたんだけど、これから、地球上の魂のステージがグンとあがる人がいる。それをアセンションと、いうらしいんだけど。

逆にいえば、グンとあがらない人間は破滅しちゃう、みたいないい方をしてるんですよね。

だけど、一人さんにいわせると、アセンションなんてものは起きない！

この地球というのは、魂を成長させるための修行をする星です。

だから、地球って、魂レベルが一律になってないんです。いろんな魂レベルの人がいるなかで、修行をして魂を成長させていく。わかるかな？

たとえば、自分が小学校にあがった。小学一年生は、小学校のなかで学年が一番下だけど、幼稚園生から見たら上ですよね。

魂的にもそれと同じで、どんな人も、必ず、下には下がいて、上には上がいるんです。

そのなかで、人は、上から学び、魂を成長させ、しあわせになる。一方、下の人に対しては、自分が知っている楽しく生きる方法を伝え、相手の魂の成長をサポートしてあげる。そのことを通じて自分の魂も成長し、しあわせになる。

だから、修行というのは、上に対してと下に対して、この両方でワンセット。上と下、両方の修行をする星として、神はこの地球を創ったんです。

ということは、もし、本当にアセンションが起きるんだとしたら、地球という星はハナっから存在してない、ってことになっちゃう。地球の存在意義ってものがなくなっちゃうんですよ。

だから、恐れる必要はない。アセンションなんか、絶対、起きないんだよ。

恐怖からしあわせは生まれない

本当に、この地球は素晴らしい星です。

なにが素晴らしいって、ここは、常に、自分が学ぶ気になれば学ぶことができるんです。

それと、「自分程度の人間がもってる知識なんて」って思ってるかもしれないけど、自分程度の人間が知ってるようなことでも、それを求めている人が、常に、自分の周りにいます。

常に、あなたが伝える気になれば、人に伝えられる星なんです。

踊りが得意な人は踊りを教えたっていいし、釣りの得意な人は釣りの楽しさを教えればいい。

笑顔の得意な人は、「笑顔にしてると、こんなに楽しいんだよ」って伝え、笑顔のなり方を教えればいい。

みんな、それぞれ、自分の人生を生きていて、いろいろ経験してるんです。そのなかで、人に教えると喜ばれる知識というのを、各自、もってます。

それを教えればいいよ、ってことです。

それはそれとして、ちょっと話が変わるんだけど。

今回、どうしても、いわせてもらいたいことがあるんです。

この世の終わり的な話が出てくるたびに、いつも、一人さんは「そんなもん、起きないよ」って、いってきたんだけど。

あいもかわらず、いろんなことといって、人に恐怖を与えてる人がいるんです。

ご存知の方もいると思うんですけど、一人さんは宗教団体をやってません。特定の宗教を信じてないし、さりとて、宗教を否定しているのでもない。

だけど、今回だけは、ハッキリ、いわせてもらいたいんです。

アセンションがどうだこうだ、そんなことをいうのは、もう、よしな。

人間というのは、みんな、神の子。神は人間の親で、神はどの子もかわいいんだよ、愛してるんだよ。わかるかい？

神の子であるあなたが、同じ神の子である人たちに恐怖を与えるようなことをしちゃいけないいんだ。

恐怖を与えることをやめていかなかったら、本当のしあわせってこないんだよ。


人間、なにを思うかは、各自の自由だから、あなたに私の話を信じてもらおうなんて、一人さんは思ってない。

あなたが信じようが、信じまいが、アセンションなんか起きないから。

なにも、あなたの教祖さまの都合で、世の中、動いているわけじゃない。もちろん、あなたの都合で動いているのでもないし、私の都合でもない。

天にいる、大いなる存在の摂理で、世の中は動いてる。

そう思ったほうが、いい人生を送れるね。

まず、自分が光り輝く人間になる

人間、この世に生まれた以上、最低でも一人、しあわせにしなきゃいけない人がいます。

それは誰かというと、「自分」です。


もちろん、自分の心が明るく楽しく、しあわせでいられるようになったら、そのしあわせのなり方を人に教えるんですよ。

だけど、しあわせになっていない自分が、人をしあわせにすることって、できるんだろうか。

たとえば、自分が掛算を知らなかったら、人に掛算を教えることはできないよね。

それと同じで、自分がしあわせじゃなかったら、しあわせになる方法を人に教えることはできない。みんなのためにも、まず自分がしあわせにならなきゃいけないんです。

だから、できるだけ心を明るく、楽しくしてなきゃいけない。

それなのに、職場に行くと、やっとともってる心の灯を消そうとする人間がいたりする。

たとえば、すぐ人を怒鳴りつける上司。「オレに、何回、同じことをいわすんだ！」とかって。何回いってもやらないのなら、自分のいい方を変えてみればいいだけなんだけど、自分を変えようとしない。で、人を怒鳴ると。

こうやって、人の心の灯を消しちゃう人、怒鳴ったり、怒ったりする人って、実はなにかに恐れているんです。

劣等感をもってて恐れてる。

こういう人間に対して、「この人は劣等感で恐れてるだけなんだ。なにを恐れることがあるんだろう。かわいそうに」とか、「私には、そんな恐れることなんてないですよ」とか心のなかでいいながら、そういう波動で見ると、段々、相手がおさまってきます。

劣等感のある人間は、人を攻撃することで自分の心に鎧《よろい》を着せるんです。それで、相手がおびえると、自分が勝ったような気になる。それで、自分が勝てる相手にしか、怒鳴ったり、怒ったりしないんです。

だから、怒鳴られた、怒られた、自分がおびえる――を繰り返すのでは、ずぅーっとそれが続く。

でも、音というものには別の音を消す周波数があるのと同じで、「この人はなにを恐れているんだろう」とか愛の波動でもって相対すると、向こうの恐れの波動は消えちゃう。そうすると、段々、怒鳴ったりするのがおさまってくる。

それから、世間もいろいろいうよね、「大学出とそうじゃない人間で、お給料がどうだこうだ」とか。

「方程式ができなかったら、ロクなもんにならない」とか、「英語の勉強ができなかったら、出世できない」とか。

そんなことをいって人を傷つけようとしたり、落ち込ませたり、心を暗くさせようとする人がいるんだけど。

でも、「方程式もできなかったらロクなもんにならない」とかっていうのは、実はあなたのことではない。そのセリフをいった本人のことなんです。

「方程式ができなかったら……」といった、当の本人が方程式ができない場合、その人はロクな人間にならない――ということ。

しかも、「方程式できなかったら……」といった人と、あなたとは生きる定めが違うんです。

だから、「方程式できなかったら……」といわれたからって、あなたが傷ついたり、落ち込む必要なんて、一つもない。

占いだって同じです。方位方角がどうのこうの、「この手相じゃ、しあわせになれない」とかいわれたら、「しあわせになれない」と見立てた人間が、その手相、その方角に行くとしあわせになれない、ということなんです。

その人間と自分は生きる定めが違うんだから、「自分はこの手相で結構です。この手相で、どんどん、しあわせになります」って。

そうやって、いい切っちゃえばいい。根拠があろうが、なかろうが、そんなもん、どうでもいいの。

いい切ったもん勝ちなんだよ。

「自分はこの手相でしあわせになるんだ」って、勝手にいい切っちゃったら、もう、自分の心は負けてない。明るく、光り輝いてるんです。

その光で、この世の闇は消えちゃうんだよ、って。

だから、「本当のしあわせってなんですか？」って、まず自分が光り輝く人間になる。そしたら、その光で周りの人を照らす、明るく楽しい心にしてあげる。

なぜかというと、たいがいの人は、周りの人の言葉に影響されて暗くなっちゃう。方位方角とかで、「こっちがいけない」「あっちがいけない」っていわれると、ビクビクしちゃうんです。

でも、自分が光輝く人間になって、「東南の方角に行っちゃいけないっていうけど、そんなの関係ない。オレの行く場所は常にいい場所だ」とかいうとする。

そうすると、そばで聞いてた人間は、「こいつ、ずいぶん強気だな」って（笑）。「でも、なんか、気分がスカっとして、いいよな。自分も強気で生きてみるか」

そばにいる人も、いつのまにか、光り輝く人間になってくる。

自分の周りに光り輝く人間が集まってくると、闇が入り込む隙なんて、もう、ないんです。いいことがバカバカ起きて、スゴいしあわせなんだよ、って。

心配しすぎると損ですよ

さっきから、一人さんは、やたらと「怖がる必要はないよ」「心配するな」って、いってます。

そうやっていうと、「じゃあ、火の用心とか、しなくていいんですね」とか、誤解する人もいるので、ちょこっと話すんだけど。

たとえば、「天ぷらを揚げてるときは、火のそばを離れちゃダメだ」とかいうのは心配とは違うんです。

それから、道を歩いてるとき、「信号機が赤になったら、渡らない」とか、車の運転中、安全運転するのも、心配というより当然なんです。

お酒を飲んだら、車の運転はしないのも当たり前だよ。酒気帯び運転は法律違反だし、事故原因にもなるんだよ。「自分だけは大丈夫」って甘く考えちゃ、ダメだよ。

人間、そうやって用心するのは、心配じゃなくて当たり前なんです。備えあれば憂いなし。そのことに備えていれば、心配の種も安心の種に変わるよね。

だけど、なにも対処しないで心配ばかりしていると、よけい不幸を招くからやめたほうがいいよ。周りの人を見てごらん。心配性の人ほど、次から次と不幸を招きよせているよね。

だから、むやみに怖がることと、用心とは、まったくの別ものなんです。一人さんが「心配しなくていいよ」っていうのは、「むやみに怖がっちゃいけないよ」ってことなんだよ、って。

もし、「自分の家はがんの家系なんです」っていうんだとしたら、用心して、食事やなんかの対策をやればいいんです。

たとえば、がんっていうのは、いつも食べすぎるような人がなりやすいと昔からいわれているから、そういう人は食べすぎないようにする。

それと、食事のバランスをとる。肉しか食べないのはよくないけど、野菜ばっかりもよくないから、肉も野菜も、きちんとバランスよくとればいいんです。

あと、がんっていうのは、精神的なことも関係してて、がんばりすぎちゃう人とか、頑固な人がなりやすい、っていうんです。

そしたら、がんばりすぎの人は、がんばりすぎないようにすればいい。頑固な人は頑固をやめて、おだやかに生きればいい。そうすれば、もう原因がないんだから、あとは楽しく生きればいい。

そうやって、健康にいいことをやっていれば、元気でいられるんです。むやみに怖がるんじゃなくて、落ち着いて、きちんと対処すればいいんですよ。

本当に、なににおいても、落ち着いて対処するって、スゴく大事です。

人は、いろんなことに恐怖を覚えるけれど、自分で自分の心をパニック状態にしちゃいけない。

ちょっと深呼吸でもして、心落ち着かせてね。冷静になったところで、あらためて、ものごとを見て、一つひとつ考えよう。

この「考える」ということも、実は、神が万人につけてくれているんです。

みんなはそのことを知らなくて「考えるのは難しい」っていうけど、本当はあなたにも「考える」という天与の能力があるんだよ。

あの失敗から学べ！

しあわせになりたい人がこの本を読んでくれてると、思うんですけれど。

しあわせになりたかったら、ホントに、むやみに怖がることはやめなきゃいけない。

世の中には、心配の種をまきちらかす人がいるけれど、みんながそれを真に受けて大さわぎすると、望ましくないことが起きることもあるんです。

たとえば、第二次世界大戦のとき。

あの戦争に参戦したのは、ある意味、日本人の恐怖感が招いた結果なんです。デタラメなことをいって、みんなの恐怖感をあおって、みんなして大さわぎした結果、世界大戦に参戦することになった。

どういうことかというと、戦前の日本は、農家の人たちがお米を食べれなくて、自分の娘を身売りしたり、たいへんな思いをしていた。国民の大半が〝おしん〟みたいな生活だったんです。

にもかかわらず、国は、一生懸命、飛行機や軍艦なんかを造って、どんどん軍事力をつけて、他の国を攻めたりしていた。

それで、戦前の日本は、国民がひもじい思いをしているのに軍備拡大して、ヨソの国を攻めていたら、いろんな国から「日本のやってることはおかしい」「そういうこと、やっちゃダメだよ」って。

日本は世界の非難を浴び、「満鉄《まんてつ》を放棄しろ」といわれた。

満鉄って、当時の中国・満州国にあった、日本の半官半民会社「南満州《みなみまんしゅう》鉄道」のことね。満鉄は、鉄道以外に、炭鉱を開発したり、鉄を造ったり、電力供給や農業、いろんな事業をやってたんですけど。

その満鉄を「放棄しろ」といわれたとき、日本軍や多くの日本人が「満鉄をとられたら、日本という国は存続できない」と。

満鉄をとられることを怖がって、みんなで大さわぎした挙句、「米英をやっつけろ」ということになって戦争が勃発《ぼっぱつ》。

その結果、日本は焼け野原になって、満鉄もなくなっちゃった。

と、ここで、一つおたずねしますけど。

満鉄がなくなって、本当に、日本はダメになりましたか？

今、東京でも大阪でも、都心に立派なビルがバカバカ建ってます。

ということは「満鉄をとられたら、日本という国は存続できない」って、デタラメもいいとこだったよね。

そのデタラメなことを真に受けて、みんなでビクビクして、大さわぎして、最終的に、何百万もの人が亡くなったんです。わかりますか？

いつの時代も、「これだったらダメになっちゃう」「あれだったらダメになっちゃう」って、恐怖をあおるような話が出てくるけれど。

でも、本当にダメになるっていう根拠はなんなの？　証明できるの？

そんなもん、ないんだよ。それなのに、いつもいつもデタラメな話におびえてるけど、あなた、またいつもと同じ手にひっかかっていいんですか？（笑）

みんながみんな、私の意見に賛同してくれるとは思ってないよ。それでもいいんです。

でも、この本を読んでる人や一人さんの声を聞く人のなかから、「デタラメな話を真に受けちゃいけないよ。こうやって考えなよ」って。

そうやって、周りの人をしあわせへ導いていく指導者が出てくるのが、私には見える。

一人さんは、みんなにそうなって欲しい、と思ってるんじゃない。一〇〇人に一人、みんなの心に灯をともす指導者が出てくることがわかってる。

その一〇〇人に一人の指導者は、あなたです。

明るく、明るく、どこまでも明るく

日本が戦争に負けて、そこらじゅうが焼け野原だった頃、ほとんどの日本人は、こういった。

「お先真っ暗。もう、日本はおしまいだ」

ところが、いつの時代も変わった人はいるもんです。

「これで、やっと日本はよくなる」

そう明るく考えた人が、ごく一部にいた。

焦土と化した日本を見て、「戦争が終わってよかった、よかった。これから日本は復興する」っていうのは、当時の世間からすると、ふつうじゃない。変わった人なんだけど。

〝変わった人〟っていうのは、みんなと違う考えをもってて、かつ人数が少ない。人数が少ないからといって、〝変わった人〟の考えが必ずしも間違ってるわけじゃなくて、正しかったりすることもあるんです。

事実、戦後日本を引っ張っていったのは、焼け野原を見て「戦争が終わってよかった、よかった」といっていた少数の〝変わった人たち〟だった。

その〝変わった人たち〟の考え自体は、至極まっとう。焼け野原を見て「これでよくなる」と思ったのは、当然のことなんです。

戦争が起こる前から、日本は文明国です。

アメリカやイギリスとか、世界の列強国しかもてなかった連合艦隊というのを、日本はもってたぐらいなんです。

戦争に負けて国土が焦土と化し、なにもかも失ったといっても、文明国の人間は裸のままじゃ生きられない。下着や洋服、靴もいるんです。

それから、家が焼けちゃってたら家がいる。防空壕があるからそこに住めばいい、っていったって、モグラじゃないんだから。ずっと防空壕にいろってムリなんですよ。

そしたら、「家を建てよう」ってなるに決まってる。家を建てるには、材木だとか、窓ガラス、瓦屋根だとかも必要になってくる。

それから、壊れた道路も造り直さなきゃいけない、橋も必要だ。そしたら、鉄とかコンクリの需要も伸びてくる。

下着や洋服もいる、靴もいる。作れば、売れるに決まってる。

家を建て、町も造りなおしていかなきゃいけないんだから、「これからは材木が売れる」「窓ガラスが売れる」「瓦屋根が売れる」「土建屋が儲かる」「これからは、なんでも売れる」とかいうのも、当たり前。道理どおりなんです。

それを知らない人は、戦後、日本の経済が高度成長したことを「スゴい、スゴい」というけど、そうじゃない。道理どおりであって、当たり前。

だって、戦争で国土が焦土と化し、家財道具からなにからすべて失っても、頭のなかには、文化的な生活を営んでいた頃の記憶が残ってる。そしたら、そこに戻そうとするんです。

戦中、国が「贅沢は敵だ」って、「ケーキは食べちゃいけない」とかいってたから、そのときは控えていたけれど。いくら国が抑えつけても、人の記憶って消せないんだよ。

戦争が終わって、「自由にしていい」ってなったら、ケーキを作りだす人がいるし、それを食べたいっていう人もいる。

ステーキを食べたことがある人は、「もう一回、ステーキを食べたい」と思うんだよ。

グっと抑えられていたものを自由にさせたら、ものスゴい勢いで発展するに決まってるんだよ。

そんなのはミラクルでもなんでもない、当たり前のことなんだよ、って。

だけど、日本が焼け野原になったとき、九九％の日本人が「もう、日本はおしまいだ」といってたなかで、たった一％の人間、一〇〇人のうちたった一人は「日本はよくなるんだ」って、当たり前のことをいい続けたんだよね。

その人たちががんばってくれたおかげで、日本は復興し、みんな、しあわせになった。

「一人さん、なにをいいたいんですか？」って、世間が「〇〇だから、ダメだ」とか、どんなに暗いことをいってても流されちゃいけない。

さっき一人さんがいった、〝一〇〇人に一人の指導者〟に自分はなるんだ――そう思った人は、常に、自分が発光体なんだよ、って。

それをいいたいんです。

だから、「近所の人たちは暗いことばっかりいってて、ヤんなっちゃうわ」とか、「職場の人間は否定的なことばっかりいってて、あんな職場はもうヤだよ」とかじゃない。

自分は発光体なんだ。無明《むみょう》という闇の世界にいる人の心を明るく照らしてあげるんだ。

その心がまえで生きる人間の目の前に、光り輝く道が開けてくるんだよ、って。

職場でも、友だち同士のなかでも、家庭や地域でも、今、求められてるのは、みんなの心を明るく照らし、精神的な成長をお手伝いする人です。

人生には、いろんな喜びがあるけれど、「自分が成長した！」ってなったときの笑顔、そのうれしさたるや、なにものにもかえがたい最高の喜びなんです。

この最高の喜びを人が味わうのをお手伝いするのが真の指導者。こういう人は、これからますます大事にされるし、また、お手伝いした人自身、人の精神的成長を手助けできたことに至上の喜びを感じるんです。それを、みんなにも味わってもらいたい。いや、きっと味わえるに決まっている。

だって、人は、しあわせになるために生まれてきたんだから。

ちょっと休憩
日本のふるさと的な話

神社とは「場」

本当のしあわせ、楽しみ、ということで、この本を書いているんですけど。

私は、旅が大好きで、しょっちゅう旅をしてます。お弟子さんたちと一緒にワンボックスカーに乗って、全国を旅して回ってます。

そうすると、日本には、素晴らしい神社とか、立派なお寺があるんです。そういうのをお参りして回るのも楽しみの一つだよ、っていうことなんだけど。

今回は神社について話をしたいんです。

なぜかというと、神社って、おもしろいんですよ。

たとえば、いろんな神社に行くと、それぞれ、御祭神《ごさいしん》というのがあって、神さまをおまつりしてます。

ところが、神社って、ふだん、神さまはいないんです。

神さまは、お祭りのときに神社にきて、氏子さんたちやなんかが、おみこしを担いだりしてるのを見て、お祭りが終わったら帰っちゃう。帰った後は、「後の祭り」っていうのをやるんだけど、それはそれとして。

とにかく、神さまは、お祭りのときにしかいない、と。

それで、日本の神さまっていうのは、お祭りのときにお迎えして、みんなして神さまを楽しませる。そういうことになってます。

それから、日本の神さまには教えがない。

ふつう、宗教っていうと、「あーしなさい」「こーしなさい」という教えがあります。仏教でも、いまだに、釈迦の教えを説いてます。

でも、神道にはそれがないんです。一人さん的には、そこが非常にいいね、っていう（笑）。

それで、神社は宗教法人にはなっているんだけど、宗教なのに教えがないって、世界でも非常にめずらしい。だから、本来的には宗教じゃないかもわかんない。

じゃあ、神社というのは、なんなのかという話になるんだけど。

神社とは、「場」なんです。

「場」というのは、イヤシロ地。

要するに、人が癒される場所、ということなんです。

はるか昔の日本人は、周りをじぃーっと見ていて、人を癒すエネルギーが充満してる場所がわかった。

どういう場所ですかって、ほら、神社にはデッカいイチョウの木とか、デッカいスギの木があるでしょ。そのデッカい木を御神木《ごしんぼく》っていうんだけど。

みんな、「神社に御神木がある」っていうし、私もさっきそういいました。でも、本来は「神社に御神木がある」んじゃないんです。

正しくは、御神木があるから神社ができた。

御神木が先なんです。だから、デッカい木があるところが、イヤシロ地で、そこに神社を建てた。

イヤシロ地には、生命を育むエネルギーがあるんです。それと、目に見えない力で守られてる。だから、他の場所と比べて、木がよりよく育つ。わかりますか？

別に、イヤシロ地じゃなくても、生命を育むエネルギーが強くて、木がよく育つ場所ってあるんです。だけど、何年も木が生えている間、嵐がきたり、雷が落ちることもある。

嵐がきたら、デカい木になればなるほど雨風がモロに当たるから、倒れやすい。

それから、雷って、高いところに落っこちるよね。木が成長して、どんどん上に伸びていくと、その分、そこに雷が落ちる確率が高いんです。

それを、何百年もの間、嵐にも倒されず、雷も落ちてこないで、ずーっとそこに生えてて、ぐんぐん大きく伸びてるってことは、その場所にはエネルギーがあるだけでなく、守られてる。

人間だって、いくら才能があっても、ちょっとしたきっかけで病気になっちゃったり、事故にあったり、守られていなかったら、せっかくつけてもらった才能も発揮できないよね。

だけど、その才能を人のお役に立て尽くした人って、なにか見えない力に守られてる。

それと同じで、イヤシロ地というのは、生命を育むエネルギーがあって、かつ守られてるんです。

「気」は「木」

自分たちがふだん生きてる場所って、仕事をしたり、いろんな人と知り合っていろいろ学べたり、畑だったらいろんな作物がとれたりする、いい場所だよね。

でも、上司のカミナリとか、奥さんのカミナリとかが、落ちてくることもある。

それから、ふだんいる場所というのは、イヤシロ地に対して、ケガレ地といってね。生きていると、人のしがらみや悪い感情で心やからだがけがれる。心のエネルギーが失われてきちゃうときもある。

あとさ、生きてると、「いっちょ、やってやるか！」って奮起して、気合いをいれてやらなきゃいけないときもある。

そんなとき、心のエネルギーが減ってきたり、「もうちょっと、いいエネルギーが欲しいな」ってときは、神社に出かけて行くといいんです。

神社っていうのは、魂のお医者さんというのか。エネルギーをもらえるという捉え方でいくと、「気」のお医者さんみたいな場所なんです。

元気の「気」をもらえる場所。

ただ、そういう場所って、ふだん自分たちが生きてるケガレ地のすぐ近くでは、そうそう見かけない。めったやたらと行けません、っていう人が多いと思うんです。

そういう人は、どうするか。


ほら、御神木って、木でしょ。

「一人さん、なにをいいたいんですか？」って、はるか昔の日本には、言葉はあったけど、文字がなかったんです。

それで、木は「き」っていうじゃない？

実は、木も、元気の「気」も同じ意味なんです。

だから、気が衰えてきたとき、木のあるところへ行けばいい。大木のとこへ行けばいいんです。

森のなかを散策したりする森林浴っていうのが、今、流行ってて、ヨーロッパのほうでも結構さかんに行われてるんだけど。

木も、気も、同じ「き」なんです。

昔の日本人は、デカい木のあるところに行って、「き」をもらって、そういうところを大切にしたんです。

だから、神社に行けなかったら、そういうところを探して行けばいいよ、ってことです。

ただ、デカい木も、都市開発やなんかで、最近、減ってきちゃってるからね。

だから、ひょっとしたら、人間がイヤシロ地になるのが、一番いいのかもわかんない。

周りの人に元気の「気」を与え、魂をいやす、イヤシロ人間になる。
そういう人って、世間の人からしたら貴重だよ。
みんなに喜ばれて自分もうれしくて、スゴくいいよ。

今までと違う、神社の楽しみ方

神社の話が出たんで、もう一個、神道的な話をします。
神道的な話というのは、日本人の原点。
仏教だとかが日本に入ってくる前の考え方です。

たとえば、茨城県にある鹿島神宮。
ここの御祭神は、武甕槌大神《たけみかづちのおおかみ》といって、雷の神さまです。

この鹿島神宮に行くと、本殿がある。本殿を過ぎて、奥に行くと、「荒神《こうじん》さま」（奥宮）って書いてあるところがあるんです。

ふだんのお参りのとき、いつもの簡単なお願いごとをする場合は、本殿でいいんです。

だけど、めちゃくちゃ自分ががんばってもかなわない。そういう難しいお願いごとが、もしあったとしたら、荒神さまのほうへお願いするんです。

雷さまがビカビカーって鳴ってる、そのスゴいパワーを、「私にもください」といって、荒神さまのパワーをいただく。わかりますか？

仏教だとか、キリスト教だとか、いろんなものが入ってきたとき、雷さまを鎮めるとか、鎮める神さまとか、いいだしたんです。

でも、元々の日本人の考え方的にはそうじゃない。

雷っていうのは、稲妻。

雷がどんどん鳴ると、稲の育ちがよくなるから、「あの雷こそは稲の妻である」っていう捉え方なんです。雷を鎮めよう、じゃない。

それから、大木もなぎ倒すぐらい、スゴいパワーをもった嵐がきたとき、日本人は「あの嵐を止めてくれ」じゃない。

あの嵐があるから、水不足にならずに済むんだ、って。

それから、この嵐にはすごいパワーがあるんだ。このパワーはエネルギーなんだ。このパワーを私にもください。

そういう発想なんです、本来の日本人は。


だから、富士山のふもと、山梨県側のほうに木花開耶姫命《このはなさくやひめのみこと》という神さまをまつってる浅間神社がある。青森の弘前には、通称・津軽富士、岩木山という山があり、ふもとに岩木山神社がある。

そうすると、岩木山、富士山って、昔は火山活動が活発で、しょっちゅう爆発してたから、今の日本人は「火山活動を鎮めたくて神社を造った」と思うんだけど、本当はそうじゃない。

もし仮に、「お鎮まりください」という発想で神社を造ったとしたら、火山の近くに人は住んでない。

だって、そうでしょ、「よくないもの」と捉えていたら、近づかないよね。

だけど、火山の近くに人が住んでたんだよ。

それは、火山を神としてあがめていて、そのスゴいパワー、スゴいエネルギーをいただこう、っていう考え。

だから、火山でも、雷でも、その「エネルギーをいただきたい」という考えであって、否定からははじまってないんです。

そこが、日本人のスゴいとこなんだよ、って。

私は、仏教がいけない、キリスト教的な考えがいけない、っていってるんじゃないんです。

砂漠みたいなところにいると、「神よ、なんとかお助けください」「日照りからお助けください」っていう考え方も出てくる。

それから、キリスト教的な発想で、あばれ川にダムを造るとか、自然を制して行こうという考えもある。

それはそれでいいんです。

どっちが正しくて、なにがいけない、ということをいってるわけじゃないんです。

だけど、今の日本人が忘れかけてる、原点。

嵐や雷、火山、そういったものに神を見て、

「あのエネルギー、スゴいな。このエネルギーを私にお授けください」

「私のパワーとして、お授けください。そしたら、私はまた元気にがんばります」

「がんばって畑仕事をします。人にも、このエネルギーをわけてあげます」

山伏もそうなんだけど。山伏って、山の上をひたすら歩いて、山からスゴいパワーをいただいて、その気を人におわけする。そういう修行もあるのね。

こういう神道的な考え方。

スゴいエネルギーを鎮めようというのではなく、「私に授けてください」っていう発想。

そういう目で、今度、神社にお参りすると、また違った楽しみ方ができて、いいよ、ってことです。

二礼二拍一礼と日本人

神社の参拝の仕方は、二礼二拍一礼です。

みなさん、ご存知だと思うんですけど。

神社に行くと、まずは手を洗う、口をすすぐ。

そうやって、からだを清め、すがすがしい気持ちでお参りする場所へ進む。そしたら、今度は、頭を深ぶかと一回さげる（一礼）。

そうすると、落ち着きが出るんです。

落ち着いたところで、もう一回頭をさげる（二礼）。

そうすると、なぜか、神さまとタイミングが合うのがわかる。

タイミングが合ったとき、姿勢を真っすぐにして、手を二回、パンパンって叩く（二拍）。

すると、神社には、神社の波動というのがあるんです。

自分が手を叩いて、パンパンという波動を起こすと、神社にくるまで自分についていたケガレの波動と神社のイヤシ波動が入れ替わるのです。

それで、入れ替わったことに対して「ありがとうございます」って、お礼をする（一礼）。

この一連の流れが、二礼二拍一礼という儀式。

ちなみに、人が神社にお参りに行く日は雨でも「ハレの日」といい、お参りに行くときに着て行く服を「ハレ着（晴れ着）」といいます。

なにをいいたいのかというと、神社というのは、実は、お願いごとをするところではないんです。

神さまに「ありがとうございます」とお礼して、帰ってくる。

だから、「神さま、ウチの息子を大学に入れてください」じゃないんです。

「息子が大学に行くぐらいの年齢まで、無事、育つことができました。ありがとうございます」っていうお礼なんです。

それから、病気だとしたら、「病気が治りました、ありがとうございます」っていうお礼の仕方もあるんだけど、「病気なのに、私はまだ生きてます、ありがとうございます」って。

「病気じゃなくても亡くなっちゃう人間がいるのに、私は病気なのに生かされています。ありがとうございます」

こういうお礼の仕方もある。

この「ありがとうございます」という、お礼の気持ちが奇跡を起こすんです。


外国に行くと、ずぅーっと神さまに拝んでる人を見かけます。

寺院とかだったら、何時間とか、半日ぐらいかけてお願いごとをします。外国にある「嘆きの壁」とかも、何日もの間、頭をこすりつけて、拝んでます。それって、そこの習慣だから、いいんです。

でも、日本の神社は、ずぅーっと神さまに拝むんじゃない。「ありがとうございます」っていうお礼なんです。

だから、たとえば、伊勢神宮を参拝する場合、東京からだと新幹線に乗って、何時間もかけて伊勢神宮へ行く。だけど、お伊勢さんにお参りしてる時間は、長くてもたった一、二分です。

パンパンって手を叩いて、「ありがとうございます」ってお礼をすればいいんだから、一、二分で済んじゃう。

お礼をするのに、そんな、ずぅーっといってられないでしょ（笑）。だから、神社にお参りするのに、往復一〇時間かかっても、一〇時間おがんでる人って、神社にはいないんです。

それ以前に、神社で神さまに拝んでも、しょうがないんです。だって、神さま、そこのお祭りの日にしかいないんだから。

そうやっていうと、「神さまがいないなら、神社に行ってもしょうがないじゃないか」っていうけど、そうじゃない。

神さまがいようが、いなかろうが、お礼する気持ちが奇跡を起こすんだから、かまわないんだよ、って。

以上で、神社の話はおしまい。

魂のふるさと的な話って、それだけなんだよね（笑）。

4章

まだまだ、かしこくなる！
さらに頭はよくなる！

「成功」ということ

一人さんがいう「成功者」のなかには、人生の成功者というのがある。社会的な成功者というのもある。

だから、世間の人がいう成功者と、一人さんの成功者は違います。

世間がいう成功者は、社会的な成功者だけのことをいってる。そういう成功者を見て、たいがいの人は「スゴいな〜」って感心するんです。

一人さんも、子どもの頃から、世間がいう成功者を見て「スゴいな〜」と思ってました。みんなとは違った意味で「スゴい！」って（笑）。

みんなと違う意味で「スゴい！」というのは、どういうことか。

パーティやなんかに呼ばれて行くと、ビールの泡が消えるまでしゃべってる社長さんとかがいるんです。

しかも、みんなが聞きたがってる話をしゃべってるんじゃないんです。わかります？（笑）

みんな、「とっとと、乾杯に移ってくれ」っていうムードを如実に出してて、それでも、ずぅーっと、しゃべり続けてられるって、空気が読めてない。

そういうエラい人たちを見て、子どもの一人さんは「世間がいう成功者には、意外と、たいしたことない人もいるんだな」って。

「人の心もわかんなくたって、あれぐらいの会社の社長をやってられるのか。よっぽど、あの社長の下で働いてる人たちが優秀なんだな」って思った。

それから、ある人から聞いた話なんだけど。従業員の慰労会で、カラオケ大会をするというと、自分が一番最初にうたわないと機嫌が悪くなっちゃう社長さんとかがいるとかで。

そういう社長の下で働いてる人たちは、慰労会で社長にスゴく気をつかわなきゃいけないから、慰労会をやるというと、猛然と、忙しいフリをしたり（笑）。慰労会欠席の口実が見当たらないと、「ヤだな〜」とかいいながら、決死の覚悟で出かけていく、というね（笑）。

そんなふうに自分が嫌われちゃったら、さみしい人生だよね。

社会的成功を手に入れることも、いいことなんです。だけど、それに、もう一個、「人に好かれる」ということがなかったら、さみしい。

そういう人生が、果たして、成功なんだろうか。

人に好かれ、愛されながら社会的成功を得ることはできない、と思ってる人がいるかもわかんないけど。

私のお弟子さんは社長をやってるけど、仕事はうまく行ってて、なおかつ、会社のスタッフや特約店さんたちが会いたがってくれるんです。

パーティなんかをやると、お弟子さんたちは、お客さんやいろんな方から「握手してください」「一緒に写真とってください」「ハグしてください」とかいわれるから、お弟子さんたちは「自分たちはしあわせ者だ」って。

人生も成功してるんです、私のお弟子さんたちは。

社長がいばらないと、社運があがる

私が中学生だった頃、起きるのは、お昼近くでした。

それから学校に行って、一人さんは、クラスメイトたちを盛りあげます。で、盛りあがったところで帰る。遅刻した分を早退で取り戻す、という（笑）。

そういう中学時代を私は送ってて、要は、中学校もロクに行ってないと。

さらにいうと、一人さんは社長になってから、自分の会社にもロクすっぽ行ってない。会社に顔を出すのは、多くて月に一回あるかどうか。

だから、「私は、毎朝ちゃんと、会社に通ってます」っていう人がいると、それだけで、一人さんは「この人はスゴいな」とか思っちゃう。

ホントに、この世の中はスゴい人たちだらけです。私の会社の人たちも、お弟子さんたちもスゴい人たち。

だから、私は誰にもいばれない。誰にもいばれなくて、私は「よかった」と思ってます。

社長とか、上に立つ人間がいばらないと、いいことがあるんです。

いばらないと、人に嫌われない。これって、当たり前ですね。

ところが、この当たり前を社長がやると、あとは、ふつうにしてても、「あその社長は立派だ」とかいわれちゃうんです。

社長さん、わかりますか？

たとえば、社員の慰労会でカラオケ大会をする。そのとき、社長が「みんな、悪いな。用事があるから、最初にうたわせてもらうよ。うたったら帰るから、あとは、みんなで盛りあがりなよ」っていうのはありなんですよ。

だけど、用事もないのに、「オレを一番にうたわせろ」とかっていばってると、嫌われちゃうんだよ。

たったそれぐらいのことで、人に嫌われるのって、バカげてる。

って、私なんかは思っちゃう。

カラオケは、曲を入れたもん順にうたう、そういうレジャーなんだから、社長も、みんなと一緒になって、順番待ちすればいい。そしたら、「ウチの社長はいい社長だ」ってなる。

パーティのときは、ビールの泡が消えるまでしゃべってないで、とっとと乾杯すれば、「いい社長だ」になっちゃう。

だから、社長になっていばらない、というだけで得しちゃうんです。

それを、いばっちゃうっていうのは、損得がわかってない。なにをやると人に喜ばれ、なにをやると嫌われるのか、人の心がわかってない。

そういう社長は、たとえば、歌がウマくない人にどんな歌をうたわせても、音痴は音痴だよね（笑）。それと同じで、人の心がわかんない社長は、経営でも、商売でもウマくないと思うよ。

だって、その社長さん、損得勘定ができないんだもん。

ホントにね、上の人間がいばったところで、一個も得なことがない。なにか得なことがあるんだったら、箇条書きにして出してくれる？（笑）って、いいたくなっちゃうぐらい、ない。一個もない。むしろ、損なことばっかりだよ。人に嫌われるは、従業員の士気は下がるは（笑）。

巷には、「職場でコピーばっかりとらされて、挙句の果てに、タバコを買いに行けだとかいわれて、嫌になっちゃう」とかいう人がいるけど、その人はコピーをとるのが嫌なんじゃない。タバコを買いに行くのが嫌なんじゃないいんだよ。

本当に「嫌だ」と思ってるのは、下の人間にいばって、「部下は上の人のいうことを聞いて当然」みたいな顔をしてものを頼む人間。

部下というのは、上の人のことが大好きだったら、タバコでも、ジュースでも「買ってきてくれる」っていうと、「待ってました！」といわんばかりの顔をするよ。人って、大好きな人からなにか頼まれるのがうれしいんだよ。

だから、上に立つ人間は、まず、いばらない。

それから、ものを頼むときは、「表へ行くなら、悪いけど、ついでに、これ買ってきて」とか気をつかって、やってもらったら「ありがとう」って、いえばいいだけだよね。

たった、それだけ。人に好かれるか、どうかは、たったそれだけなんです。

小さいことだけど、人はそこに思いやりを感じるんだよ。

だから、ささいなことで人を思いやれるかどうか。

そしたら、たとえば、宴会をするときは、部下にあらかじめ「自分が遅れても、先に乾杯しちゃいな。待ってちゃダメだよ」っていうといい。

部下の人たちは「上司がくるまで、お酒も料理にも手をつけちゃいけない」という頭があるから、上司が遅れると、上司がくるまでお預け状態。それじゃ、つらいよね。それに、お店の人にも申し訳ない。だから、「待ってちゃダメだよ。先にやってなよ」って。

それから、「宴会のときは、お酌、禁止だよ」ってことにする。そうやっていわないと、新人さんとか、一番下の人が、ずぅーっとお酌してなきゃなんない。だけど、宴会でもなんでもそうだけど、みんなが楽しくなきゃ、いけないよね。手が不自由だっていうなら話は別だけど、そうじゃないなら、ビールぐらい自分でつぎゃあいい。自分でついで、自分のペースで飲んだほうが楽しいしね。

それで、こんなささいな思いやりで、人に好かれるんです。

今の社会は、なんでもかんでも効率重視で、ついつい思いやりの心を忘れがちになっちゃうけど、だからこそ、ささいな思いやりって大切だね。

ささいな思いやりができる人間を育てられる会社じゃなきゃ、お客さんから絶大なる支持を集められないし、会社の存続も難しいかもわかんない。

部下の人だって、専業主婦だって、学生さん、定年退職した人も、ささいな思いやりというものを積み重ねて行かなかったら、さみしい人生になっちゃう。

だから、お互い、ささいな思いやりを忘れないようにしたいね、っていうことです。

自分のいいたいことをいって、「あなたが正しい」

「この世には、人の意見を聞きにきたんじゃないよ。自分の意見をいいにきたんだよ」

私はよく、そうやっていいます。お弟子さんたちにも、「私にいいたいことがあったら、バンバンいっていいんだよ」って。

そうやって一人さんがいわなくても、お弟子さんたちは昔から、私にバンバン意見をいってたんですけど（笑）。

でも、お弟子さんであろうが、なんだろうが、各自、いいたいことをいってくれると、みんな、楽しい。一人さんも楽しい。

それで、私自身も、いいたいことをバンバンいうんです。

そうすると、「みんなして、いいたいことをいってたら、争いになってしょうがない」っていう意見もあるんだけど。

だけど、狭い道を歩いてて、向こうから人がきたら、自分がちょっとよければいいだけでしょ。そしたら、相手とぶつからないで済む。

それを、「道を歩いてて人とぶつかるのが嫌だから、私は家のなかから一歩も出ません」というのは成り立たない。わかりますね。

じゃあ、「自分の意見はもってるけど、人といい争いをしたくないから、いわない」っていうのは、どうなんですか？

それ、「道で人とぶつかるのが嫌だから、家にいる」と発想が同じだよ。

「とくに自分の意見はありません」とか、「どうしてもいえません」っていう人は、別に無理していわなくてもいいんです。

でも、いいたいことがあるんだとしたら、いうのをガマンしてて、しあわせですか？


ガマンしていわないでいると、苦しくなってきちゃう。そうなる前に、いいたいことをいえばいいの。いったって、なんの問題も起きないよ。

たとえばの話、前から新幹線が猛スピードで走ってきてるところ、「よし、勝負だ」とかって、自分からドンってぶつかっちゃったら、バカだよ。だけど、ちょっとよければ、風ぐらいしかこないよね。

それと同じで、いいたいことをいって、人と意見が食い違ったら、自分が正しくても、「相手が正しい」ということにして、自分がスっとよければいいだけなんです。

「いや～、いいこと聞いた、いいこと聞いた」とかいって、別の場所で、また自分の意見をいってればいい（笑）。そしたら、風ぐらいしかこないよ。


それで、よけるときのポイントは、「あなた間違ってるよ」といわれたとき、「ホントだね。そうだよね」っていう、その速さね。

一人さんなんかの場合、もう速攻、折れて、「そうだよね」っていっちゃう（笑）。

そうじゃなかったら、自分がなかなか折れないでいたら、最後に遺恨を残すことになるからね。

第一、どっちの意見が正しいかって、当事者が決めることじゃないんだよ。そばで、双方の意見を聞いてる第三者が決める。

「あの人って利口だね。自分が正しくたって、相手に花をもたしてあげて、さっと、よけた」って周りの人が決めてくれるんです。

だから、意見が食い違ったときは、お互い正しさをいい合う必要がない。「相手が正しい」ってことにして、さっとよければいい。

そうやって、人と争わないことが正しい。

精神論でもなんでも、理論でもって「あの人をなんとかして説き伏せよう、説き伏せよう」ってやっちゃう人がいる。

理論というのは、人をやっつけるためにあるんじゃないんです。

人と人が会って話すときは、お互い知らないことを知りあえばいい。そうやって楽しい時間が過ごせれば、それでいい。そのために、精神論なり、なんなりの理論がある。

ところが、人は、その理論で、いい争っちゃう。

その点、自動車とよく似てるね。自動車って移動が便利だけど、使い方一つで、事故が起きる。

理論も自動車も同じで、相手が出てきたら自分が下がってあげる、って決めておけばいいいんだよね。

「でも、本来は、こっちが優先で、向こうが停車すべきなんだ」とかって、法律的には正しいのかもしれないけど、そのことをずっと騒ぎたてるのって、どうなんだろう。

それから、電車のなかで、どっちがぶつかってきたってモメてる人もいる。

相手がぶつかってきたのが正しいのかもわかんないけど、自分が「すいません」って、ひと言いえば済む話なんだよ。

それを、「おまえがぶつかってきて」ってやると、そこで殴りあいになってお互い痛い目にあう。

そのうえに、周りの評価は「どっちもどっちだよね」「あの人たち、大人気ないわねぇ」っていう。

だから、理論って、どんなに素晴らしい理論でも、人間がそれにしばられすぎるのって、いいことではないんじゃないか。


この世の中には、精神論にしばられすぎてる人もいる。これもいけない、あれもいけない、って。

でも、一人さんは「私の精神論は、今すぐ、ここで、しあわせになれることだよ」って。しあわせになるための哲学とは、そういうものだと思うんです。

その哲学にしばられたら、人間、苦しくなってきちゃう。それじゃ本末転倒じゃないか、って。

ただ、「一人さんのその考えは間違ってるよ」って、今、いわれたら、私は

「その通りだね。あなたが正しいよ」っていう（笑）。

いい争いはしたくないし、人は人を変えられないからね。

でも、自分がさっとよけて、「楽しいな、自分は最高にしあわせだ～」っていう生き方をしてると、そのうち相手は「あなた、楽しそうに生きてて、いいわね。どうしたらそうなるか、教えて」ってなる。

だから、人を変えようとしなくていいんだよね。

一人さんの「人生、じゃんけん論」

たとえば、じゃんけんをやる。自分がグーを出したら勝った、と。

でも、一回、グーで勝ったからって、この先もずっと、グーで勝てるわけじゃないよね。

勝とうと思ったら、相手がグーのとき、自分はパーを出さないと勝てない。相手がチョキを出してきたら、自分はグーを出す。

人生って、そんなもんです。

キリストは、「右の頬をぶたれたら、左の頬も出せ」みたいなことをいったとか、いわないとか。

もちろん、そのやり方で、人生、うまく行くこともあるんですよ。

ただ、「両頬ぶたれた」ってこともあるんだよね（笑）。

なにをいいたいのかというと、あまり大人気ないことばかりしてると自分がつらくなってくるけど、完璧に立派な人間になろうとするのもつらいよ、って。

「丸くてもひと角あれや人心」っていうけど、やっぱり、人間、あんまり丸くても、しあわせじゃない。

角が出すぎだと、我が強い、ってことになる。だけど、ただ丸いだけだったら、ころころ、ころころ、ころがって、止まらなくなっちゃう。だから、ウマいこと、角を出していかなきゃなんない。

その、ウマいこと角を出す、ということのなかで、「自分は、これだけはゆるせないよ」っていうものがなくちゃいけない。

どういうことかというと、たとえば、自分の親や友だち、世話になってる人とか、自分が大切にしている人をバカにしたり、傷つけた人間がいる。

そのとき、自分はその人間に対して「ふざけんな！」とか、怒って当然なんです。当然というより、自分が大切に思ってる人をけなされたり、傷つけられて、笑っているようじゃいけない。

なぜかっていうと、スカっとしないから（笑）。

だから、「ふざけんな！」って、一発かまさなきゃいけない。

「そんなのアリですか？」って、アリだよ。

それが、一人さん流なの。

人に対して、常に牙をむいてろ、っていう話をしてるんじゃないよ。

そうじゃなくて、「本当のやさしさは強さから生まれる」っていう。

だから、一人さんは、人にケンカを売った覚えは一回もないけど、売られたケンカを買わなかった覚えも一回もなくて、自分の大切な人たちをいじめるようなヤツがいたら、猛然と戦うんです（笑）。

一人さんって、そういう性質なの。

私のお弟子さんとか、「一人さんが好きだ」っていう人は、私のそういう性質が大好きなんです。

戦うといっても、素手でぶん殴るとかって、しないんだよ。「人をいじめちゃいけないよ」って教えてあげるだけだよ。

それで、「人をいじめちゃいけないよ」って教えた時点で、こっちの勝ちなんだから、それでおしまいにする。

「さっきは、ゆるすなといってたのに、ゆるすんですか？」って、相手をゆるそうが、ゆるせまいが、もう勝ち負けがついちゃってるんだよ。自分は勝ったんだから、それ以上、相手にものをいう必要はどこにもない。それ以上やると、ダメなんです。

昔、幕末から明治になったばかりの頃、旧幕府軍と新政府軍とが戦をしてたときの話なんだけど。

元・薩長の侍たちがいる新政府軍が、旧幕府軍についた会津を攻め、会津軍の侍をたくさん殺しちゃったんです。

そのとき、戦いがおわったときに薩長は遺族を呼び、亡くなった会津の兵隊をとむらってあげて、「会津軍は勇敢に戦った」っていってあげたらよかった。

「つわもの揃いの会津軍を相手にわれわれ薩長も命がけで戦わねばならなかったが、戦が終わった今、われわれは、会津軍の英霊に心から敬意を表したい」

そうやって、会津に花をもたせてあげてたら、よかったたんです。

でも、薩長はそうしなかった。自分たちの攻撃にたおれた会津の兵隊が、道だとかにころがっていたんだけど、「遺体は片づけちゃいけない」って。

そうすると、遺族はとむらいもしてやれない。身内のからだが腐っていく様を見ていた会津の人たちは、薩長の人間をうらんだんだ。

その何年か後に、明治維新の指導者で薩摩の英雄、西郷隆盛が政府に対してクーデターみたいのを起こしたんだけど。熊本県の田原坂《たばるざか》っていうところで、政府軍と西郷軍とが衝突、激戦を繰り広げた。

西郷軍は、夜になると政府軍のところへ奇襲をかけてくる。

西郷軍の兵隊は、薩摩藩とかの元お侍さん。一方の政府軍は、お百姓さんの寄せ集めみたいな〝にわか軍隊〟だから統制がとれてない。当然のことながら、政府軍はやっつけられちゃってたんだよ。

そのとき、元・会津のお侍たちが政府軍に「自分たちにも、薩摩と戦わせてくれ」といってきた。

旧幕府軍についてた、元・会津のお侍は政府軍にやとってもらえなくて、たいがいのお侍は、おまわりさんになってた。そのおまわりさんたちが、政府軍に「自分たちにもやらせてくれ」と。

要は、前に身内を殺された、かたき討ちというわけです。

でも、その頃の警官というのは、サーベル（西洋式の刀）だけで、鉄砲は持たせてもらえなかった。

元・会津のお侍たちは、相手が鉄砲や大砲を持っているなかを、サーベルだけをもって、勇敢に夜陰にまぎれて切り込んで、見事、勝利に導いた。

これが有名な会津の抜刀隊《ばっとうたい》の話です。

人にうらまれるようなことをやると、こうなるんだよ。

もちろん、西郷さんはすごい立派な人だし、薩摩にも立派な人は山ほどいたけど、心ない人がいると悲しい結果を招くね。
だから、勝ち負けがついたら、それ以上、負けた相手をやっつけちゃいけない。
相手に花をもたしてやんなきゃいけないんだよ。

勝って得する人、勝って損する人

この世の中は、戦争をする場所じゃありません。
だけど、スポーツでも、仕事でも、なんでも、勝ち負けがつくことって、山ほどある。
自分が負ければ、人からうらまれないよ。
でも、どうせやるなら、勝つつもりでやんなきゃおもしろくない。
だって、「うらまれたくないから、わざと負けよう」ってやってたら、一つも楽しくないもん。そうでしょ？

高校球児だって、甲子園で優勝するつもりで、毎日、練習してる。それが、高校球児にとって、楽しいこと。

科学者は、ノーベル賞とかを受賞するつもりで、毎日、あきもせずに試験管をふったりして、一生懸命、論文を発表してる。

企業は、お客さんに一番支持されるような商品を作ろうとするし、どこよりもお客さんが喜ぶようなサービスを提供しようとする。

お店をやってる人は、地域で一番人気のある店を作ろうとする。

そうやって、みんな、切磋琢磨して、勝つつもりでいろんなことに挑戦して生きてる。それが楽しいことなんだよ。

だから、自分もなにかをやるとなったら、勝つつもりで挑む。

そうすると、人生、負けることも、勝つこともある。両方、自分の人生に意義のあることで、どっちも大事。

ただ、問題なのは、勝ったとき、いばっちゃうことなんです。勝ってうらまれてる人というのは、負けた人にいばってるんです。

日本は、戦前に、韓国や中国の満州とかをとっちゃった。そのときのことで、今も日本人は、韓国や中国の人たちから、うらまれてます。

イギリスも、中国との戦争に勝って、香港をとっちゃった。だけど、イギリス人は、香港の人たちから、そんなにうらまれてない。

この差は、いったいなんなんだ。ってことだよね。

なぜ、イギリス人はうらまれてないかというと、イギリスは香港の人たちをお客さんにしただけ。要は、商売をしに行ったからなんです。

商売というのは、人を殺さない。

だって、殺しちゃったらお客さんがいなくなっちゃうよね。

一方、日本がずっとうらまれてるのは、日本人が百姓民族だからなんです。

昔の日本の軍隊は、農家の次男坊、三男坊なんかが入った。将校クラスになると、元・武士の家の息子なんだけど。でも、武士って、歴史をさかのぼると、元々は、農家をやってた。

どっちにしろ、農家出身者の集まりみたいなものなんです、日本軍は。

それで、日本軍は相手の土地をとって、「あそこで農業をやろう」と考えた。だけど、いい畑とか、いい田んぼには、昔っから、人がいるんだよね。日本人がその田畑をとって農業しようと思ったら、元からいた人たちを追いだすしかない。で、追い出しちゃったんだよ。

だけど、中国という国は広いように見えるけど、米や野菜が作れる耕作地は少ないんだよ。

だから、中国という国は人口がどんどん増えてくると、食べ物を輸入しないと国民が食べていけなくなってきちゃう。今、中国が一生懸命、商売してるのは国民を飢えさせないためなんだよね。それぐらい、耕作地が少ない。

それを、日本人にとられちゃって、追い出されちゃった。さらに、日本人は朝鮮半島や中国の人たちに対して、いばったり、殴ったりだとかしちゃった。

その結果、今も、日本人はうらまれ続けてる。

当時の日本人は、国を守り、家族を守るために一生懸命だったと思うよ。

でも、終戦からもう六〇年以上たってるのに、日本人はまだうらまれてる。

日本が向こうを占領して、いばってた年数より、うらまれてる年数がうんと長いんだよ。

そうやって思うと、なんか、バカバカしくなってくるよ。

勝っていばるのって、ホント、バカげてる。

最近、韓国や中国の経済がよくなってきたのと、日本人が向こうの芸能人とかにあこがれだして、やっと日本人がゆるされるムードができつつあるけれど。

でも、日本人は、この前の戦争のことは忘れちゃいけない。親が子に語り、子が孫に語り、「勝ったら謙虚にして、相手に花をもたせる」それと「戦争はもう絶対しちゃいけない」ということを学ばないといけないな、って。

そんなことを一人さんは思ってます。

魂の時代とは、〝コロッケの恩〟を忘れないこと

この世には、「バランスの法則」というのがあります。

食事のバランス、考え方のバランス、この世の中にあるものはなんでも、バランスというのがある。

宇宙だって、太陽の引力と地球の引力がちゃんとバランスがとれてる。もし、バランスがとれてなかったら、地球はここにないんだよ。

なにをいいたいのかというと、たとえば、自分が若い頃、お金がなかったとき

に、定食屋に行ったら、そこのおばちゃんがコロッケ一個おまけしてくれたとか、ご飯をちょっと多くしてくれたとかいうことがあったとする。

そしたら、自分がある程度お金を持てるようになったとき、大会社の社長になろうが、総理大臣になろうが、その定食屋のある町に行ったら、そこの店に行ってコロッケを食べる。そしたら、バランスがとれる。

わかりますか？

「昔、オレはサントリーに勤めてる人に助けられたんだ」ってしゃべりながら、キリンビールで乾杯してちゃダメなんだよ。

サントリーの人に世話になったなら、サントリーのビールを飲む。キリンビールの人に世話になったなら、キリンビールを飲む。それがスジなんだよ。

だから、自分が総理大臣になっても、「おばちゃんのコロッケ、いまだに忘れられなくて、食べにきちゃったよ」とかって。

世の中、こういう、義理と人情って大事なんです。

それを、「あっちの店のコロッケが五円安い」だとか、「こっちのほうがウマイ」とかいって、自分が世話になった定食屋のおばちゃんのことを忘れちゃう。忘れちゃったなら、それはそれで、しょうがない。でも、そのウマいコロッケ屋は、あなたが困ってるとき、なにか助けてくれましたか？なんにも、してくれてないですよね、って。

この世の中は、道理どおり。スジを通すもんは、通さなきゃいけない。「一人さん、今さら、スジとかハンペンの話ですか？」って、そうだよ、スジとかハンペンの話だ（笑）。いやいや、スジが通った生き方の話だよ。

義理と人情って、ものすごく大切なんです。ウチなんか、全商品のパッケージに「ＧＮ－１」って入ってる。義理と人情が一番っていうことを忘れないために、入れてあるぐらいだよ（笑）。

それで、これが魂の時代の成功法則だと、私は思ってます。

私は昔から、お弟子さんたちに「二一世紀は魂の時代だ」といってたんだけど。「魂の時代だ」っていうと、急に、ワケのわからない、プレアデス星人とかいうのが出てきたり（笑）。

それから、「オーラの色は四〇〇あるの、ご存知ですか？」とかって（笑）。

そんなもん、知らねぇよ、って（笑）。

そんなことよりも、魂の時代っていうのは、「コロッケの恩を忘れるな」ってこと。義理と人情なんだよ。

だから、「土地がもうかる」といわれても、バブルのときも、一人さんは土地やなんかは絶対に買わなかったんだよ。

そうすると、「一人さん、よく、土地がさがるのわかりましたね」っていわれるんだけど。

確かに、お弟子さんたちが昔やってた喫茶店やなんかで、「もうじき、土地、さがるよ」って、私はいってたよ。

でも、土地を買わなかったのは、後のち地価がさがったときに損したくなかったからじゃない。値さがりするのがわかってたら、売り逃げすればいいだけなんだから、買っても得することはできるんですよ。

私が土地を買わなかったのは、そういう理由じゃない。ウチの会社を支えてるお客さんって、ほとんど、ふつうのサラリーマンなんです。

サラリーマンの人にもうけさせてもらってるのに、そのお金をもっと増やそうと思って土地を買ったら、地価がさらにあがって、サラリーマンの人たちの「家を建てる」という夢がかなえられなくなる。

買えたとしても、会社まで二時間もかかるようなところの分譲住宅とかになっちゃうんです。

自分の会社を助けてくれてる人に、そういうことをするのって、天につばするようなものだよ。

天につばすりゃ、自分の顔にかかる。

私はそういう考えの人間だから、土地とかを買わないで、株も買わないで、一生懸命、仕事して。それで、事業所得だけで納税一番になったんです。

義理と人情で生きてると、スゴくいいよ。

義理と人情のない世の中って、ホントに、つまんない。それじゃあ、人間、意気に感じない。

せっかく、命もらって、この世にきたんだもん、意気に感じて生きてたいよ。

ホントは、みんなも、そうだと思うんです。

そしたら、やっぱり、義理と人情。

貧乏するのは恥ずかしいことじゃない。だけど、自分が貧乏したときに助けてくれた人のことを忘れちゃったら、恥ずかしいよね。

苦労するのは恥ずかしいことじゃないよ。恥ずかしいのは、苦労したときに助けてくれた人のことを忘れちゃうことだよ。

私はいろんな人のおかげで、商売させてもらってて、お金をもうけさせてもらってます。世話になってる人が、全国に山ほどいるんです。

そうすると、たとえば北海道に行くことになったら、「あそこの人にも世話になったから、あの店に行こう」って。青森でも、大阪でも、四国、中国、九州、どこにでも行きたい店、会いたい人がいるんです。

それで、「そこのお店は北海道で一番ウマいんですか?」って、ウマい、マズイの問題じゃない。

そこの人には愛があるし、恩義があるんだよ。

みんなにも、たぶん、そういう人がいると思います。

会社で新人だったとき、あいさつのし方もわかんない、コピーのとり方もわかんない自分に、親切に教えてくれた先輩がいたとか。

仕事でミスをして、上司に怒られたとき、やさしく声をかけてくれた掃除のおばちゃんとか。

いろんな人がいると思うんです。

そういう人たちのことを忘れないで、「昔、あのおばちゃんにキンピラをごちそうになったから、おばちゃんの店に行こう」とかって。

もし、そういう場所がないのなら、これから作ってください。スゴく、それって、大切なことなんです。

そういうことがなくて、「あっちの店が五円安い」とか、「あっちがウマい」とか、そういうことばっかりいってると、「類友の法則」といって、似たような人間が自分の周りに集まってきちゃう。

人生って、それだけでつまらない。

だから、義理と人情。義理と人情が一番です。

これが、一人さんの生き方で、一人さんの成功法則なんだ。

5章

まだまだ伸びる！おもしろいように奇跡が起きる！

「見た目」と「いう言葉」で人生は決まる

昔は、家柄の時代だった。実力がなくても、殿さまの家に生まれたら殿さまになれたんです。

そしたら、次に学歴の時代がきて、今は魅力の時代。

魅力の時代は、魅力をつけていった人が成功します。魅力があれば、仕事でも、人生でもなんでもウマくいく。

じゃあ、魅力とはなにかというと、まず「見た目」。

それと、「なにをいうか」なんです。

たとえば、自分が車の運転をしていて、助手席の人が寝てるとする。

そのとき、「オレは、運転してるとき、隣で寝られるのが一番嫌なんだ」っていう意見があってもいいんです。

ただ、その答えは〇点かもわかんない。

「眠いときは寝ていいんだよ。ちゃんと安全運転で行くからね」っていったら一〇〇点かもわかんない。

あなたは、何点の答えを出しますか？


奥さんがセーターを買って帰ってきたとき、旦那さんが「おまえばっかり、セーター買いやがって」とかいうと、マイナス五〇点かもわかんない（笑）。

「いいセーター、見つけてよかったな」っていうと、五〇点かもわかんない。

「おまえ、来年は二着買えるように、オレ、がんばるからな」っていうと、一〇〇点かもわかんない。


だから、魅力とは、「見た目」と「いう言葉」。

あなたの笑顔、何点ですか？　あなた、何点の言葉、しゃべってますか？　人がついて行きたくなっちゃうようなこと、いってますか？

今は魅力の時代だよ。権力をふりかざして、人をついてこさせるような時代じゃないよ。

だから、見た目と、いう言葉なんです。

「見てくれがよくたって、どうのこうの」「どんなにいいことをいってても、中身がよくなきゃ」とかっていう人もいるけど、そうやっていってる人は眼力がない（笑）。ホントだよ。

だいたい、人っていうのは、相手の見た目と、いうことを聞いてたら、その人間がなにをするか、ほぼ、わかるんです。

入社試験の面接でも、見た目と、なにをいうかで、採用するかしないか決めるよね。お店をやってても、お客さんに、ぶすっとした顔で、愛のない言葉をいってたら、お客さん、「ヨソのお店で買い物しよう」ってなるよね。

もちろん、見た目と言葉だけじゃなく、行動もともなってなきゃいけないよ。見た目よくして、言葉よくしても、働かなかったら、生きていけないからね。

だけど、ちゃんとした身なりをして、魅力的な言葉をいってる人で、行動がともなってない人は、ほとんどいないよ。見た目と、いう言葉で人生が決まる、ということもわかってるから、マトモな行動をしてるんです。

それを見抜けないから、「見てくれがよくたって、どうのこうの」とかいっちゃう。

見抜いてなかった人は、ちゃんとした身なりをして、魅力的な言葉をいってごらん。

そしたら、もっと、もっと、魅力的になって、飛躍的に人生がよくなるから。

成功に難しい理論はいらない

一人さんの教えは、非常にシンプルです。教えが高度になればなるほど、簡単になってきます。

私が女性のお弟子さんたちに教えたことは、「いつも若々しくてキレイでいなさい」って。

「この一人さん理論はなんですか？」っていうと、いいですか。

「女性たちには若くてキレイでいてほしい」

私は、女性たちに若さとキレイさを失ってもらいたくないんです。男として、キレイな人を見ていたい。とくに自分の周りにいる人には、もっとキレイになってほしい。

「えっ、たったそれだけ？」って、そうだよ（笑）。単純でしょ。

だけど、この単純さがね、非常にいいんです。

ウチの女性たちは、年々歳々、若くなってキレイになって、しあわせになってます。そんな女性たちを見てる私も、非常にしあわせ。わかりますか？

女性って、いつまでも若くてキレイでいたいんだよ。

自分が若くいられて、キレイでいると、女性ってうれしくなっちゃう。しあわせなんですよ。

それで、男は若々しくてキレイな女性を見ていたい。一緒に歩くなら、しおれちゃった人と歩くより、若々しくキレイな人を連れて歩きたい。

ということは、女性がキレイになればなるほど、女の人も、男の人も、どんどん、しあわせになっちゃう。

だから、もっとしあわせになりたかったら、女性がもっとキレイになればいいんです。キレイで若くいられるための方法って、化粧品でもなんでも、今、いろんな方法があるんだよね。

ところが、自然というものをカン違いすると、「五〇歳になれば五〇歳の美しさがあり、六〇歳になれば六〇歳の美しさがある」とかいっちゃう。それを聞くと、「あぁ、なるほど。確かにそうだな」っていう気にもなる。

でも、女性は「年をとりたくない」とか、五〇歳でも「三〇歳に見られたい」っていうのが自然なんです。

それを、「六〇歳は六〇歳でいいんだ」「七〇歳は七〇歳でいいんだ」とかって、「それが自然だ」みたくいってる人は、女の人の気持ちがわかってない。気持ちがわかんないから、五〇歳の女性に「あなた、五〇歳でしょ」とか、「おばさん」とかいう言葉が、つい口から出ちゃうんだよ（笑）。

「ホントのことだからいいじゃない」っていうけど、女性に「五〇歳ですよね」とか、その言葉は魅力的ですか？　相手が喜ぶ言葉ですか？

自分は「六〇歳は六〇歳でいいんだ」と思ってても、人は自分と同じじゃないんだよ。

それをわからないと、人生って、うまく行かないの。

いいですか、女性はいつも若くてキレイな自分でいたい。

男は、いつもキレイな人に囲まれていたい。そのために、仕事でもなんでも、がんばる。元気も出るんだよ。

なぜでもかぜでも、神がそういうふうに男と女をつくったんだから、しょうがない。

神がつくってくれた通り、女性はキレイになればいいし、男はキレイな女性に囲まれて生活するためにがんばればいい。

人生って、たったそれだけ。

私は、この単純明快な真理を小学校の教科書に載せたいぐらいなんだけど

(笑)。こういうことを堂々といえない世の中って、どうなんだろうね。

もし、こういうことを学校で教えるようになったら、日本という国は、もっともっといい国になる。そう思わないかい?(笑)。


ホントにね、しあわせって、単純です。

商売するなら、お客さんがいっぱいきたほうがいい。もうかったほうがいい。

商人はお金もうけが仕事なの。相撲取りは、土俵に出てきたヤツをひっくり返しちゃえばいいの。それだけなんだよ。

女性は若くてキレイな自分でいたい。男は若くてキレイな女性に囲まれて、「あぁ、キレイだな」っていってるとハッピー(笑)。

もっというと、人間って、男も女も、キレイな人が好きです。ステキな人が好き。あこがれるんです。

だから、人を喜ばそうと思って、人をほめるのにしても、ステキじゃない人にほめられるより、ステキな人にほめられたほうがうれしいんだよ。

自分の身に置き換えて考えてごらん。ステキな人にほめられたほうが、いいでしょ、って。

だから、そんなもんなんだよ、世の中ってのは。簡単でしょ。

「女は花、男は太陽」で、おもしろいほど成功する

男が稼いだお金を女の人がつかう――それがふつうだ、世の中の道理だと、みんながいっていた頃、まだ子どもだった一人さんはひらめいた。

「女の人がお金をつかうなら、女の人が稼いだほうがいいよな」

そう思ったのは、私の親父が旅好きで旅ばっかりしてて、お袋は働き者で膨大なお金を稼いでた。そういう母の姿を見て育ったから、「女性が稼ぐもんだ」と

思っていたというのもあるけど。

女性というのは、ともかく買い物が大好きなんです。男は、あんまり買い物に行かない。買い物するより、キレイな女性を見ていたい（笑）。

ということは、お金をつかう人の気持ちを一番知ってるのは、女性なんです。だから、客商売でもなんでも、男の人より、女の人のほうが向いてる。女の人に稼がしちゃったほうがいいんです。

男性諸君、いいですか。

女性ってね、スゴい才能があるんだよ。

男が止めなかったら、スゴい力を発揮する。ホントだよ。

たとえば、女性の従業員に、「ここのお店は、あなたに任せるから、好きなだけ稼ぐといいよ」とか、「お客さんの気持ちを一番よく知ってるのはあなたたち女性だから、あなたたちでお客さんを喜ばすことを考えて、がんばりなさい」とかいうとするでしょ。

そうすると、女性たちは、ものスゴい張りきって、社長が「あーしろ、こーしろ」といわなくても、自分たちで勝手にやって、売上げ、あげちゃうんです。

だから、女性の力って、本当にスゴいの。

ちなみに、ウチの会社が元気いいのは、女性たちの力によるところが大きい。

それと、もう一個、女の人のスゴいところは、ものを買ってもらうより、自分で稼いで自分の好きなようにお金をつかったほうが「しあわせだ」って。

だったら、その「しあわせだ」っていうことをさせてあげればいいじゃない？


旦那がいくら稼いだって、奥さんにあれを買い、これを買い、してたら、たいへんだよ。どんどんお金がなくなっちゃう。

でも、男が「自分が稼いだお金なんだから、自分が好きなようにつかえばいいよ」っていってあげたら、女の人は自分の稼いだなかで好きなものを買って喜んでるの。
それと、女性はキレイになりたいんだから、お金をもったらキレイになること
につかうに決まってるんだよ。当然、もっと、もっと女性はキレイになる。そし
たら、男だってハッピーでしょ？
だから、男性は、女性に「おまえのやりたいこと、やりなさい」っていってあ
げればいいんです。
それを、女性のやりたくないことばかり、「やれ、やれ」いうから、うまく行
かない。
女性のパワーって、朝顔のつるみたいなものなんだよ。朝顔のつるは、勝手に
伸びる習性がある。だから、男が女性のやりたいことを止めなきゃ、女性は勝手
に伸びるんだよ。
男の人は、女の人に「どんどん、やりな。万が一、おまえが失敗しても、オレ
が食わしてやるから安心しな」って。「じゃんじゃんバリバリやって、もっと、

もっとキレイになりな」っていってあげればいい。

そしたら、女の人は自分で勝手に稼いだうえに、キレイにもなって、男もハッピーだ、と。ねぇ、素晴らしいじゃないか。

それを、「男が働いて、女を食わして」とかって。

そんな、弱くないいんだよ、女って生きものは（笑）。それで、男性にはない粘りがあるんだよ、女性には。じゃんじゃんバリバリ行っちゃうの（笑）。


ホントに、この世の中、難しいことってないんだよ。

男は太陽として、陽々と照って、女性を伸ばしてあげればいいだけ。

女性は花として、キレイに自分の花を咲かせればいいだけなの。

たったこれだけで、人生、うまく行くんだよ。

奇跡の成功法則

生きてると、いろんなことがあります。うまく行くときもあれば、うまく行かないときもある。

ところが、うまく行かないとき、奇跡的に状況を好転させる、そんな成功法則があるんです。

それは、うまく行かないとき、「一〇〇%、自分が悪い」って、心のなかで唱えるんです。わかりますか？　「一〇〇%、自分が悪い」と思うんです。

私は、なにも「自分を責めなさい」っていってるんじゃないよ。

「もう、どうしようもない」と思っていたのが、「一〇〇%、自分が悪い」と唱えると、素晴らしい答えが出てくるんだ、っていってる。

だから、たとえば、一人さんは学校に行きたくなかったから、中学を卒業して、社会に出た。社会に出たら、当時は、今より学歴重視の社会だったんだよ。だけど、自分が望んで、社会に出たんだよね。

それで、「自分の責任だ」と思うと、「あ、社長になればいいんだ。社長だったら、学歴なんか関係ないな」って。

だから、「どうしようもない」と思ってても、意外と、自分ができることって、いろいろあるんだよ。

この前、喫茶店で雑談してたら、ある人に相談されたんです。

その人の知り合いに、いつも旦那や世間の悪口をいってる人がいるとかで、「もう悪口ばっかり聞かされて、もうヤんなっちゃう。一人さん、この人、どうにかなりませんかね」って聞かれたんだけど。

それも、一〇〇％、自分が悪いんだ、って。

そうすると、じゃんけんで、あいもかわらず、相手がグー出したとき、自分がチョキ出してるから、勝てないんだ。チョキで勝てなかったら、パーを出せばいいんだよ。

毎回、会うたびに、あなたに悪口を聞かせる人も、あいもかわらずだよ。だけど、悪口を聞かされている人も、あいもかわらず、チョキばっかり。だから、勝てない。だったら、パーを出してみよう。

わかりますか?

一〇〇%、自分が悪いんだ、って思うと、「よし、今度、自分はこの方法で行ってみよう」ってなるの。

うまく行かないときは、そうやって、自分が出す答えを、変えようとしてごらん。そのために、「一〇〇%、自分が悪いんだ」っていう。

そしたら、たとえば、毎回、人の悪口ばっかりいってる人に、こうやっていってみたらどうだろう。

「どうしたの。あなたが人の悪口いうなんて、めずらしいわ」

いわれた相手はドキッとして、「この人、私が悪口をいわないような人だと思ってるんだ」って思う。そしたら、相手は変わるんだよ。


千手観音《せんじゅかんのん》って、たくさん手のついた観音さまがいる。

人生、しあわせに生きるのにも、あの手、この手って、千の手があるよ。うまく行かないときは、別の手を出してごらん。

ある人が、自分と会うたび、自分にグチをいう。そのとき、「グチをいうと、またグチをいいたくなっちゃうようなことが起きるよ。それより、感謝してますとか、いおう。そしたら、もう一回、感謝してます、っていいたくなっちゃうようなことが起きるから」って。

どんなに相手にいっても、相手のグチは止まんない。

そしたら、「もう、この人、やんなっちゃう」じゃなくて、「一〇〇%、自分が悪い」って。

そしたら、「あぁ、この人が変わらないのは、私がずっと同じような答えを出してるからなんだ。じゃあ、別の答えを出してみよう」って。

すると、たとえば、さっきの話じゃないけど、「あなた、グチをこぼしたことがない人なのに、どうしたの？」っていってみる。

そうすると、相手は、「えっ、私って、グチをいわないいんだ。そんな素晴らしい人間だったんだ」って、喜ぶ。

相手を喜ばすと同時に変えられるの。

人に笑顔を与えながら、いいほうにもってってあげることができる。

だから、自分の人生、うまく行かなくても、「自分が悪いんだ」って思うと、別のやりようが出てきて、奇跡的に状況がよくなってくるんです。

他力を頼むだけでは、問題は解決しない

この世の中は、自力の後に他力あり。

他力を願ってるだけじゃ、なんにも起きない。わかりますか？

たとえば、流行ってるケーキ屋は、最初、ケーキやなんかを修業して、おいしいケーキが作れるようになった。お金もためてたから、自分のお店も出せた。お客さんを喜ばそうってこともやってる。その結果、店が流行ってるんです。

高校野球だって、甲子園に出てる子たちのこと、みんなが応援するけど、あの子たちは、みんなが応援してくれるだけのことをやってきたんです。

休みもなく練習して、グラウンドで一生懸命、ボールおっかけたり、やってるから、みんなが応援するんだよ。

なんの努力もしてなくて、人のこと、「いいな、いいな」っていってるだけじ

や、自分の人生、なに一つよくならない。

ラーメン屋をやってて、もし、お客さんがこないんだとしたら、ラーメンがおいしくないないか、笑顔でお客さんと接してないか、いずれにしろ、自分に問題があるんです。それを改良すればいいだけの話なんであって。

ところが、お客さんがこないのは、「世の中が悪い」とか、「政治が悪い」とかいってたら、なにも改良しようとは思わない。

だから、「一〇〇%、自分が悪い」っていう。

そしたら、千手観音のごとく、あの手、この手が出てくるんです。

人間のからだは、肉体と精神でできてます。

肉体のほうは、食べものからとる栄養から作られる。精神は、考え方、思う言葉。食事のバランスが悪いと病気になるけど、人間、よくない考えをしても病気になる。

そしたら、自分が病気になっちゃったんだとしたら、食事のバランスが悪いか、自分の考え方が悪いか、どっちかです。

隣に住んでるおじさんのせいで、自分が病気になるわけじゃない。お向かいのおばあちゃんのせいで、病気になったわけじゃないんです。

そうやって、自分の問題だ、って気づけば、人間、「食事を改良しよう」とか、「考え方を改良しよう」とかってなるよ。

「あの医者に問題がある」っていうなら、ヨソの病院に行くこともできるよね。だから、しあわせに生きる方法って、いろいろあるんだ。それをやればいい。だけど、「自分が被害者だ」と思ったら、あの手、この手が出てこない。そしたら、具合はなかなかよくならないよ。

でも、「一〇〇％、自分が悪い」と思えば、元気に生きられるんです。

「ウチの子が勉強しないんです」って、ウチの子のせいじゃない。

親が子どもに、「おまえはホントに頭いいねぇ」って、いってあげればいいんです。「頭いいねぇ」って何回もいうの。

すると、子どもは不思議そうな顔でいう。

「でも、お母さん、オレ、勉強とかできないよ」

そしたら、お母さんはこうやっていうんです。

「そんなことはどうでもいいんだよ。おまえ、かしこい顔してるもん。かしこい顔してたら、頭いいんだよ」

子どもを伸ばすのは、この一言。

あなたが子どもに期待してあげられるかどうか、なんです。

この本の最初のほうで、「人をほめるときは、四割乗せるといいよ」という話をしたんだけど、ちなみに、一人さんは周りの人に三〇倍ぐらい乗せるんです。

私のお弟子さんで、まるかんの社長をやってる人たちは、昔、「自分が社長になる」とは夢にも思ってなかったし、その親御さんや周りの人たちからも「社長なんかできない」と思われてた。

でも、一人さんだけは「社長になりなさい。あなたなら事業ができる」って、三〇倍乗せたんです。

この一人さんの期待に、お弟子さんたちは応えて、黒字を出し、雇用をつくって立派に人を使い、しっかり税金を納めてる。そのうえに、自分たちが成功し、しあわせになった方法を、世間の人たちに伝えようと本を出したり、講演活動をしたり。

私の三〇倍の期待に対し、お弟子さんたちは一〇〇倍で応えてくれてるんです。

お母さん、お父さん、人間ってそういうもんなんです。

人間のなかにある無限の力をひたすら信じる

周りの人を三〇倍にして見てあげる。

「それができるって、一人さん、スゴいですね」っていうけど、そんな感心することじゃないんです、本当は。

もしかしたら、天から見たら「一人ちゃんの見立てはそんなもんかい」っていわれるかもわかんない。

どういうことかというと、人間って、その人をじぃーっと見て、中身を見ると、その人のなかに神がいるんです。

その神に無限の力がある。

誰だって、自分のなかに無限の力をもった神がいる。

「そんな、自分のなかに神さまなんかいませんよ」という人は、そう思ってても
ＯＫですよ。
そう思っててもかまわないから、あなたの周りにいる人を信じてあげて、「キ
ミ、できるよ」っていってあげてください。
「そんなことしたら、人はその気になって、図に乗るからダメだ」とかっていう
けどね。
そりゃ、人間、たまにほめられたら、その気になるよ。でも、その気になった
っていいじゃないか。
その気にさしたら、人間、調子づいて、「挑戦しよう」ってなるんだよ。
「挑戦させて、失敗したらどうするんですか？」っていうけど、成功するかもわ
かんない。失敗するかもわかんない。
やってみて、もし失敗したとしても、あなたが信じてやればいいだけです。
何回、失敗しても、「あなたには、三〇倍の力があるんだよ」っていえばいい。

そうすると、いわれた人間は、こっちが思いもしなかったスゴい力を出す。

いいですか。人間っていうのは、たった指一本だって、指でペインティングするようになると、指一本で見事な絵をかけるんだよ。

もちろん、練習しなきゃ、描けないよ。でも、練習すれば描けるんです。

それから、この指一本で、砂を毎日つく。それをやってると、やがて、この指一本で瓦を割れちゃうようになる。

実際、それができる人がいるんです。厚い板だって、指一本でバーンと割っちゃう人もいるんです。

だけど、ほとんどの人は、この指一本の才能を使わないまま、死んじゃう。

ところで、人間のからだって、指だけじゃないよね。たった指一本に、これほどの能力が秘められてる。脳や顔、全身各部位に秘められた能力をフルに使ったら、どうなるんだろう。だから、人間、計り知れない力があるんだよ。

もう一個いうと、自分の周りにいる人のために自分が「この人を喜ばせよう」とした努力、それと、お店でお客さんを喜ばせようとした努力、これは絶対、ムダにならない。

誰かのために役に立ちたいと思い、努力していることって、絶対、自分のためになる。「人の笑顔が見たい」と思ってやったことが、絶対、ムダにならないように、この世はなってるんです。

それと同じように、私が三〇倍乗せて「キミには能力があるよ」「あなたなら、絶対、できる」って、信じてあげたことは絶対ムダにはならない。

ムダになっちゃうのは、信じるのをやめたときです。

人生って、途中、いろいろあって、まっすぐに進んで行かないよ。

ちょっと寄り道してみたり、紆余《うよ》曲折《きょくせつ》があるんだよ。でも、びょうぶだって、曲がってるから倒れないんであってね。

それで、人生とは、旅みたいなもの。

旅というのは、道のりを楽しむレジャーでしょ。

人生というのも、今、自分が周りの人たちとともに歩いてるこの道のりを楽しみながら行くものなんです。

だから、周りの人が笑顔になることを考え、それを行う。

会社に行ったら、社長が笑顔になる、喜んでくれるような働きをする。職場の仲間に対しても、喜んでもらえるようなことをする。仲間が困ってたら、「自分が手伝えること、なんかないかい」っていうとかね。

それで、「社長のおかげで、この不況でも、われわれ、がんばって行けますよ」とかって、社長のことも信じてあげればいい。仲間のことも信じればいい。

そうやって、自分の周りにいる人間を信じて、信じて、信じていったとき、あなた、自分を信じられるようになるよ。

あなたが一番信じられない人間って、自分でしょ。

だったら、人を信じてごらん。

人を信じ続けてたら、段々、段々、「自分も同じ人間なんだ」って。

段々、自分を信じられるようになる。

最初から、自分のことが信じられて、元気でやってられる人には、こんなことはいわないよ、一人さんは。

でも、もし、あなたが、そうじゃないんだとしたら、周りから信じてごらん。

「一人さんって、周りの人を三〇倍乗せて、信じてるんだ」って、人のこと、感心してないで、あなたが、あなたの子どもや旦那さん、奥さん、ご両親、今、あなたと一緒に旅している人たちを三〇倍乗せて、信じてあげてごらん。

人間の脳細胞なんて、ホントは同じなの。手が三本ついてるヤツとか、足が四本くっついてるヤツなんか、いないんだよ（笑）。

だから、人を信じる。

それで、うまく行かなかったら、「一〇〇%、自分が悪い」って、あの手、この手、いろいろ出して、生きていってください。


神は、あなたが乗り越えられないような問題を、あなたに絶対に出さない。

なおかつ、人間とは、頭脳の生き物。

神があなたに頭脳をくれた。やさしさもくれた。

それから、「笑う」という才能もつけてくれてるんです。

地球にはいろんな生き物がいるけど、「笑う」ということができるのは人間だけ。猿も笑ったような顔をするけど、別に、楽しくて笑ってるんじゃないよ。

それから、人間には、感激の涙、というのもある。

動物はつらくて涙を流すけど、感激の涙というものがない。だから、これも、神がくれたものなんだよ。

あなたの周りにいる人たちが笑顔になり、感激の涙を流す。

それをお手伝いできるような人生を、自分が生きるようになったとき、

「自分はここに生まれてきて、よかったな」

って、なるんです。

おわりに

私たちは、一生一回、神さまからのご招待で、今、ここにいます。

今、ここに自分が存在する、ということが、神さまからいただいた最高のプレゼントです。

そして、人生とは旅。

今、自分が周りの人たちとともに歩いてるこの道のりを楽しみながら行く。

そのことが、本当のしあわせです。


せっかくもらったこの人生。

「本当にしあわせだ」っていう毎日を送って、最期に「ホントにいい人生だった」って。

そんな最高のごほうびをもって、魂のふるさとへ帰る。

一人さんは今日も、周りの人たちと「本当にしあわせだ」って、笑いあって旅を続けています。

ありがとうございました。

斎藤　一人

さいとうひとり公式ブログ

http://saitou-hitori.jugem.jp/
一人さんが毎日、あなたのために、
ついてる言葉を日替わりで載せてくれています。
ときには一人さんからのメッセージもありますので、
ぜひ、遊びに来てください。

お弟子さんたちの楽しい会

◆斎藤一人 一番弟子——柴村恵美子
恵美子社長のブログ
http://ameblo.jp/tuiteru-emiko/
恵美子社長のツイッター
http://twitter.com/shibamura_emiko
PCサイト　http://shibamuraemiko.com/

◆斎藤一人　ふとどきふらちな女神さま
——舛岡はなゑ
http://ameblo.jp/tsuki-4978/

◆斎藤一人　みっちゃん先生公式ブログ
——みっちゃん先生
http://mitchansensei.jugem.jp/

◆斎藤一人　芸能人より目立つ!!
365日モテモテ♡コーディネート♪——宮本真由美
http://ameblo.jp/mm4900/

◆斎藤一人　おもしろおかしく♪だから仲良く☆
——千葉純一
http://ameblo.jp/chiba4900/

◆斎藤一人　のぶちゃんの絵日記
——宇野信行
http://ameblo.jp/nobuyuki4499/

◆斎藤一人　感謝のブログ　４匹の猫と友に
——遠藤忠夫
http://ameblo.jp/ukon-azuki/

◆斎藤一人　今日一日、奉仕のつもりで働く会
——芦川勝代
http://www.maachan.com/

４９《よく》なる参りのすすめ

４９なる参りとは、指定した４カ所を９回お参りすることです。お参りできる時間は朝10時から夕方５時までです。

◎１カ所目……ひとりさんファンクラブ　五社参り
◎２カ所目……たかつりえカウンセリングルーム　千手観音参り
◎３カ所目……オフィスはなゑ　七福神参り
◎４カ所目……新小岩香取神社と玉垣参り
（玉垣とは神社の周りの垣のことです）

ひとりさんファンクラブで４９なる参りのカードと地図を無料でもらえます。お参りすると１カ所につきハンコを１つ押してもらえます（無料）。

※新小岩香取神社ではハンコはご用意していませんので、お参りが終わったらひとりさんファンクラブで「ひとり」のハンコを押してもらってくださいね!!

ひとりさんファンクラブ

住　所：〒124-0024　東京都葛飾区新小岩 1-54-5
ルミエール商店街アーケード内
営　業：朝10時～夜7時まで。
年中無休電話：03-3654-4949

各地のひとりさんスポット

ひとりさん観音：瑞宝山　総林寺
住　所：北海道河東郡上士幌町字上士幌東4線247番地
電　話：01564-2-2523

ついてる鳥居：最上三十三観音第二番　山寺千手院
住　所：山形県山形市大字山寺4753
電　話：023-695-2845

観音様までの楽しいマップ

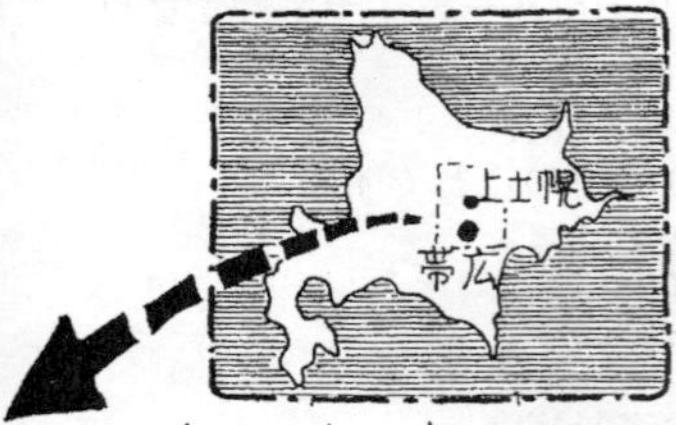

① 愛国⟷幸福駅

『愛の国から幸福へ』この切符を手にすると幸せを手にするといわれスゴイ人気です。ここでとれるじゃがいも野菜・etcは幸せを呼ぶ食物かも!! 特にとうもろこしのとれる季節には、もぎたてをその場で茹でて売っていることもあり、あまりのおいしさに幸せを感じちゃいます。

② 十勝ワイン(池田駅)

ひとりさんは、ワイン通といわれています そのひとりさんが大好きな十勝ワインを売っている十勝ワイン城があります

★十勝はあずきが有名で『赤い宝石』と呼ばれています。

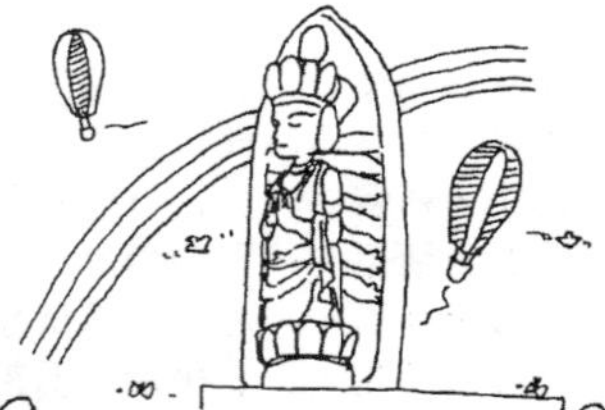

★観音様

ひとりさんの寄付により、夜になるとライトアップして、観音様がオレンジ色に浮かびあがり、幻想的です。

この観音様は、一人さんの弟子の1人である柴村恵美子さんが建立しました。

③ 上士幌

上士幌町は柴村恵美子が生まれた町。そしてバルーンの町で有名です。8月上旬になると、全国からバルーニストが大集合。様々な競技に腕を競い合います。体験試乗もできます。ひとりさんが安全に楽しく気球に乗れるようにと願いを込めて観音様の手に気球をのせています。

④ ナイタイ高原

ナイタイ高原は、日本一広く大きい牧場です。牛や馬、そして羊もたくさんいちゃうのヨ。そこから見渡す景色は雄大で感動!!の一言です。ひとりさんも好きなこの場所は行ってみる価置あり。

牧場の一番てっぺんにはロッジがあります(レストラン有)。そこで、ジンギスカン焼肉・バーベキューをしながらビールを飲むとオイシイヨ!とってもハッピーになれちゃいます。それにソフトクリームがメチャオイシイ。2ケはいけちゃいますヨ。

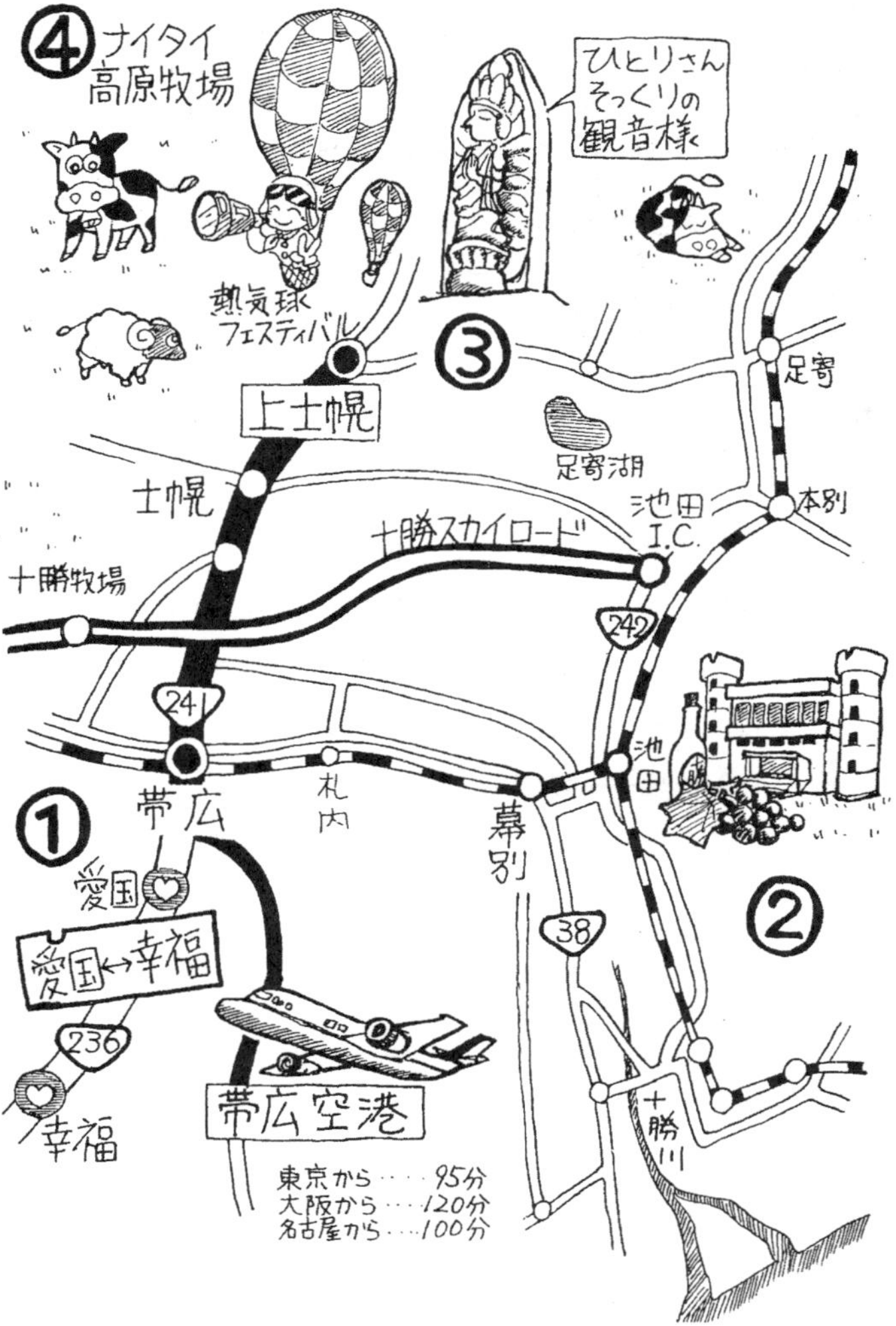
④ナイタイ高原牧場
熱気球フェスティバル
ひとりさんそっくりの観音様
③
上士幌
足寄
足寄湖
士幌
池田I.C.
本別
十勝スカイロード
十勝牧場
242
241
帯広
札内
幕別
池田
①
②
愛国
愛国↔幸福
236
幸福
38
十勝川
帯広空港
東京から……95分
大阪から……120分
名古屋から……100分

斎藤一人さんのプロフィール

東京都生まれ。実業家・著述家。ダイエット食品「スリムドカン」などのヒット商品で知られる化粧品・健康食品会社「銀座まるかん」の創設者。1993年以来、全国高額納税者番付12年間連続6位以内にランクインし、2003年には日本一になる。土地売買や株式公開などによる高額納税者が多い中、事業所得だけで多額の納税をしている人物として注目を集めた。高額納税者の発表が取りやめになった今でも、着実に業績を上げている。また、著述家としても「心の楽しさと経済的豊かさを両立させる」ための本を多数出版している。『変な人の書いた世の中のしくみ』『眼力』（ともにサンマーク出版）、『強運』『人生に成功したい人が読む本』（ともにPHP研究所）、『幸せの道』（ロングセラーズ）など著書は多数。

1993年分——第4位	1999年分——第5位
1994年分——第5位	2000年分——第5位
1995年分——第3位	2001年分——第6位
1996年分——第3位	2002年分——第2位
1997年分——第1位	2003年分——第1位
1998年分——第3位	2004年分——第4位

〈編集部注〉

読者の皆さまから、「一人さんの手がけた商品を取り扱いたいが、どこに資料請求していいかわかりません」という問合せが多数寄せられていますので、以下の資料請求先をお知らせしておきます。

フリーダイヤル 0120-497-285

本書は平成二三年三月に弊社で出版した
書籍を新書判として改訂したものです。

愛される人生

著　者　斎藤一人
発行者　真船美保子
発行所　KK ロングセラーズ
東京都新宿区高田馬場 2-1-2　〒 169-0075
電話（03）3204-5161（代）　振替 00120-7-145737
http://www.kklong.co.jp
印　刷　大日本印刷（株）　製　本　（株）難波製本

落丁・乱丁はお取り替えいたします。
※定価と発行日はカバーに表示してあります。

ISBN978-4-8454-5045-9　C0230　Printed In Japan 2018